春秋左传

这样读

枫蓝 主编

中国民族文化出版社

北京

图书在版编目（CIP）数据

春秋左传这样读 / 枫蓝主编 . — 北京 : 中国民族
文化出版社有限公司 , 2023.4
ISBN 978-7-5122-1665-5

Ⅰ . ①春… Ⅱ . ①枫… Ⅲ . ①《左传》—研究 Ⅳ .
① K225.04

中国国家版本馆 CIP 数据核字（2023）第 057660 号

春秋左传这样读
CHUNQIU ZUOZHUAN ZHEYANG DU

主　　编	枫　蓝
责任编辑	王　华
责任校对	李文学
装帧设计	博文斯创
出 版 者	中国民族文化出版社　地址：北京市东城区和平里北街 14 号
	邮编：100013　联系电话：010-84250639　64211754（传真）
印　　装	金世嘉元（唐山）印务有限公司
开　　本	720 mm×1020 mm　1/16
印　　张	16
字　　数	218 千
版　　次	2023 年 9 月第 1 版
印　　次	2023 年 9 月第 1 次印刷
标准书号	ISBN　978-7-5122-1665-5
定　　价	69.80 元

前言

《春秋》是中国现存的第一部编年体史书，是中国古代儒家典籍"五经"之一，又称《春秋经》《麟经》或《麟史》等。春秋时期是东周前半期的历史阶段，鲁国史官把当时各国的重大事件，按年、季、月、日记录下来，成就了这部重要的史书。它是春秋时期鲁国的编年体史书，现存版本据传是由孔子修订而成的。它的记事年代上起鲁隐公元年（公元前722年），下至鲁哀公十四年（公元前481年）。

《春秋》用于记事的语言极为简练，但语句中暗含了褒贬之意，被后人称为"春秋笔法""微言大义"。《春秋》记载每一件事情不过寥寥数语，看起来并无出彩之处，但是每句话都简练流畅，用词考究，并体现出鲜明的思想情感。

由于《春秋》表达过于简约，为更好地对《春秋》所记载的历史进行补充、解释、阐发，很多学者对其进行诠释，这些作品被称为"传"。最具代表性的作品就是被称为"春秋三传"的《左传》《公羊传》《穀梁传》。

《左传》传为春秋时期左丘明所著，是一部叙事完备的编年体史书，更是先秦散文著作的代表，儒家经典之一，是历代儒者、学子的重要研习史书。它以《春秋》为本，通过记述春秋时期的具体史实来说明《春秋》的纲目。《左传》不仅是历史著作，也是一部优秀的文学著作，其文学特点主要表现在：长于记述战争，善于刻画人物，重视记录辞令。像郑伯克段于鄢、曹刿论战、蹇叔哭师等人们津津乐道的故事，正是由《左传》传播开来的。

《春秋》和《左传》的篇幅较长，我们选取了其中著名的和重大的历史事件，通过对"春秋笔法"的展现和对《左传》历史故事的详解，编写了这本《春秋左传这样读》。本书结合了《春秋》和《左传》的特色，在体例上以《春秋》的纪事年份为纲领，通过"抑扬顿挫读《春秋》"来体会《春秋》如何史海钩沉，领会《春秋》的独特笔法；通过"《左传》故事解《春秋》"，了解引人入胜、令人耳熟能详的历史故事，帮助读者加深对《春秋经》的理解。同时，本书的精美插图亦能帮助读者加深理解。

希望这本《春秋左传这样读》能够成为广大读者了解中国古代历史、吸取中国传统文化精髓的良师益友。

目录

文公

第六篇

隐公

　　鲁隐公，名息姑，是鲁惠公的庶子。公元前 723 年鲁惠公死，正妻仲子所生的儿子鲁桓公年少，因此由鲁隐公摄政。鲁隐公从公元前 722 年开始摄政，在位十一年，公元前 712 年被羽父所杀。

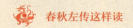

隐公元年

春秋

 抑扬顿挫读《春秋》

元年春①，王正月②。三月，公及邾仪父盟于蔑③。夏五月，郑伯克段于鄢④。秋七月，天王使宰咺来归惠公、仲子之赗⑤。九月，及宋人盟于宿⑥。冬十有二月，祭伯来⑦。公子益师卒⑧。

 字斟句酌查注释

①元年：古代国君即位之年为元年。鲁隐公元年，即周平王四十九年，公元前722年。春：《春秋》纪月在每个季节的开始标出春、夏、秋、冬。但《春秋》中的四时和我们现在的四季并不吻合，周之春是现在的冬。

②王正（zhēng）月：鲁国采用周历，因此称周王正月。

③公：指鲁隐公。《春秋》以鲁国为主，以他国为客，凡称"公"，指的都是鲁国国君。其他国家的国君之前则标明国籍。邾：国名，曹姓，在今山东省邹城市一带，后被楚所灭。仪父（fǔ）：邾国国君，名克。盟：订立盟约。先凿地为坎，杀牛、羊或马于坎上，割掉左耳，盛在盘中，取其血。读盟约，参加盟会者歃血。歃血完毕，将盟约正本放在牲畜上掩埋，副本则给与盟者拿回去收藏起来。蔑：鲁国地名，在今山东省泗水县东。

④郑伯克段于鄢（yān）：郑庄公在鄢地打败了共叔段。郑伯，指郑庄公。郑，诸侯国，姬姓，周宣王母弟桓公友之后。其都城最初在今陕西省渭南市华州区，后迁至河南省新郑市，最后被韩所灭。鄢，地名，在今河南省鄢陵县北偏西。

⑤天王：指周平王。宰：官名。咺（xuān）：人名。归（kuì）：通"馈"，赠送。赗（fèng）：丧事用的马车束帛等物品。

⑥宋人盟于宿：鲁国与宋人在宿会盟。宿，国名，风姓，在今山东省东平县东南。

⑦祭（zhài）伯：周王卿士之一。祭为其食邑，在今河南省郑州市。伯是爵位。

⑧公子益师：鲁孝公之子，字众父。公子，诸侯之子的称呼。卒，大夫死称为卒。

 古文今解看译文

鲁隐公元年春，周历正月。三月，鲁隐公与邾国国君仪父在蔑地会盟。夏五月，郑庄公在鄢地击败了共叔段。秋七月，周天子派遣宰咺来赠送鲁惠公、仲子的丧礼。九月，鲁国和宋人在宿会盟。冬十二月，祭伯来鲁国。公子益师去世。

·郑伯克段于鄢·

左传

知人论世聊背景

本文叙述了春秋时期，郑庄公和他的弟弟共叔段、母亲姜氏之间权力斗争的故事。公元前722年，郑庄公在鄢地打败了他的胞弟共叔段，还将母亲武姜驱逐到城颍。后经颍考叔规劝，郑庄公与武姜和好如初。

《左传》故事解《春秋》

当初郑武公从申国娶来妻子，就是后来的武姜。武姜生了庄公和共

叔段。庄公出生时难产，使姜氏受到惊吓，所以被取名为"寤生"，因此
受到姜氏厌恶。姜氏喜爱共叔段，想立其为太子。姜氏屡次请求武公，
武公都不答应。

郑庄公即位之后，姜氏为共叔段请求把制邑作为他的领地。郑庄公
说："制，是险要之地，虢叔就死在那里。别的地方任你挑选。"姜氏于
是为共叔段请求京邑，郑庄公便叫共叔段居住在那里，大家都称共叔段
为"京城太叔"。

祭仲对郑庄公说："城墙边长超过三百丈，就是国家的祸害。先王的
制度：大的都城的城墙，长不超过国都城墙的三分之一，中等城市不超
过五分之一，小城市不超过九分之一。如今京邑的城墙不符合法度，不

被祖制所允许，恐怕对您不利。"庄公说："姜氏想要这样，我有什么办法躲避因此产生的祸害呢？"祭仲回答说："姜氏什么时候会满足啊？不如早作打算，不要使他们的贪欲滋长蔓延。一旦滋长蔓延起来，就难以对付了。蔓延的草尚且难以清除，何况您被宠爱的弟弟呢？"郑庄公说："不义之事做多了，必然会自取灭亡。你姑且等着瞧。"

不久，太叔命令西部和北部边境的一些地方一方面听从庄公，一方面听从自己。公子吕说："国家不能忍受这种两面听命的情况，您打算怎么办？如果您想将王位让给太叔，我就请求去侍奉他；如果您不想让位给他，就请您除掉他，不要使百姓产生其他的想法。"郑庄公说："用不着，他会自取其祸的。"太叔又进一步把两面听命的西部与北部边邑据为己有，还延伸到廪延。公子吕说："行了，他羽翼已丰，会得到更多拥戴者。"庄公说："不义于君，不亲于兄，势力雄厚，反而会垮掉。"

太叔巩固城防，聚积粮草，修缮军备，准备兵士和战车，想要偷袭郑国，姜氏作为内应，想替他开启城门。郑庄公听到他举兵的日期，说："可以了！"于是命令公子吕率战车二百辆讨伐京城。京城民众反叛了太叔。太叔逃往鄢邑。庄公又命令讨伐鄢邑。五月二十三日，太叔逃往共国。

《春秋》说："郑伯克段于鄢。"共叔段不敬兄长，所以不用"弟"字；交战双方好像两个国君，所以用"克"字；称郑庄公为"郑伯"是讥讽他对弟弟不加管教：这是庄公的本意。不写"出奔"，是因为难以下笔的缘故。

郑庄公把姜氏安置在城颍，发誓说："不到黄泉，不再相见。"不久，他又后悔了。颍考叔是颍谷的地方官，听说了这件事，便说有礼要献于庄公。庄公赐宴，吃饭时，颍考叔把肉放在一旁不吃。庄公问他原因，他回答说："我有老母，我的食物她都尝遍了，却没尝过您赐的肉，我想留给她尝尝。"庄公说："你有母亲可以孝敬，唉！唯独我却没有！"颍考叔说："敢问这是什么意思？"庄公告诉他其中的缘故，并且讲出自己的悔意。颍考叔回答说："君王有什么好忧虑的？若掘地见泉，在隧道里相见，谁能有非议？"庄公依从了他的办法。庄公进入隧道，唱道："大隧之中，其乐也融融。"①姜氏从隧道中出来，唱道："大隧之外，其乐也泄泄。"于是母子又和好如初了。

君子说："颍考叔的孝顺是纯正的。他孝敬爱戴自己的母亲，又用这样的孝敬和爱戴影响了庄公。《诗经》上说：'孝子不匮，永锡尔类。'②说的就是颍考叔这样的人吧！"

---

① 大隧之中，其乐也融融：大隧道之中相见，心情和乐自得。下一句"大隧之外，其乐也泄泄"意思是：走出大隧道，心情也很快乐自在啊。

② 孝子不匮，永锡尔类：出自《诗经·大雅·既醉》，意思是：孝子尽孝之心永不竭尽，所以能推及影响你的族类。

隐公三年

抑扬顿挫读《春秋》

　　三年春，王二月，己巳，日有食之①。三月庚戌，天王崩②。夏四月辛卯，君氏卒③。秋，武氏子来求赙④。八月庚辰，宋公和卒⑤。冬十有二月，齐侯、郑伯盟于石门⑥。癸未，葬宋穆公⑦。

字斟句酌查注释

　　① 三年春，王二月，己巳，日有食之：此为发生在公元前720年2月22日的日全食。三年，即周平王五十一年，公元前720年。己巳，初一日。

　　② 庚戌：十二日。崩：天子死被称为崩。

　　③ 辛卯：二十四日。君氏：隐公之母声子。

　　④ 武氏子：周大夫之子。赙（fù）：助丧用的金帛财物。

　　⑤ 庚辰：十五日。宋公和：指宋穆公，名和，宋武公司空的儿子，宋宣公力的弟弟，在位九年。

　　⑥ 齐侯：指齐僖公。齐，国名，姜姓，姜子牙之后，国都位于营丘，在今山东省淄博市。郑伯：郑庄公。石门：齐国地名，在今山东省济南市长清区。

　　⑦ 癸未：十二月二十日。

古文今解看译文

　　鲁隐公三年春，周历二月，初一，出现日食。三月十二日，周平王去世。夏四月二十四日，隐公母声子去世。秋，周大夫武氏之子来求取助丧的财

物。八月十五日，宋穆公去世。冬十二月，齐僖公、郑庄公在石门结盟。十二月二十日，安葬宋穆公。

· 周郑交质 ·

知人论世聊背景

春秋初期，郑庄公的崛起，威胁到了周王室的统治。周平王让虢公担任卿士，以便动摇郑庄公的地位。郑庄公对此感到不满，因而提出周、郑交换人质。但是，这样做明显违背了君臣之礼。后来，郑国用武力夺取了周王室的麦子和谷物，这更是郑国对周王室的严重挑衅。

《左传》故事解《春秋》

郑武公、郑庄公先后担任周平王的卿士。周平王暗中又将朝政分托给虢公，郑庄公埋怨周平王，平王说："没有这回事。"因此周、郑交换人质。周王子狐在郑国作人质，郑国公子忽在周朝作人质。平王死后，周王室的人想把政权交给虢公。四月，郑国的祭足带兵割取了温地的麦子。秋天，又割取了成周的谷物。周朝和郑国结了仇。

君子说："诺言不发自内心，即使交换人质也没有益处。做事既发自本心又体谅他人，又用礼仪加以约束，即使没有人质，谁又能离间他们？假如有明显的诚意，即使是山沟、池塘里生长的野草，蘋、蘩、蕰、藻这一类的野菜，筐、筥、锜、釜一般的器具，大路、小道上的积水，都可以献给鬼神，进给王公，何况君子建立了两国的信约，按照礼仪办事，又哪里还用得着人质？《国风》有《采蘩》《采蘋》，《大雅》有《行苇》《泂酌》这些诗篇，都是表明忠信的。"

·石碏谏宠州吁·

知人论世聊背景

卫庄公宠爱公子州吁，州吁有恃无恐，还喜欢武事。石碏劝卫庄公不要那么溺爱公子，卫庄公不听。后来，卫桓公即位，州吁果然杀了卫桓公自立为君。

《左传》故事解《春秋》

卫庄公娶了齐国太子得臣的妹妹庄姜。庄姜容貌漂亮，却没有儿子。卫国人作了一首名为《硕人》的诗来描写她。庄公又从陈国娶了一个妻子，叫厉妫，生了儿子孝伯。可是，这个儿子早死。跟她陪嫁来的妹妹戴妫，生了卫桓公，庄姜就把他当作了自己的儿子。

公子州吁，是卫庄公爱妾生的儿子，受到卫庄公宠爱，喜欢军事。卫庄公对此不加以禁止，庄姜却很厌恶州吁。石碏规劝卫庄公说："我听说一个人爱自己的儿子，要以正确的礼法来教导约束他，不能让他走上邪路。骄傲、奢侈、淫乱、逸乐，就是走向邪路的开端。这四种恶劣习性的产生，都是宠爱和赏赐太多的缘故。如果要立州吁为太子，就应该定下来；如果没有定下来，就会造成祸害。受宠爱而不骄傲，骄傲了而能受压制，受了压制而不怨恨，有怨恨而能克制的人，是很少有的。再说卑贱的妨害高贵的，年少的欺负年长的，疏远的离间亲近的，新的挑拨旧的，地位低的压制地位高的，淫乱的破坏有礼义的，这是人们常说

的六种背离道理的事。君主行事公正适宜，臣子服从命令，父亲慈爱儿子，儿子孝顺父亲，哥哥爱护弟弟，弟弟敬重哥哥，这是人们常说的六种顺理的事。背离顺应道理的事而效法违背道理的事，就会招致祸害。做君主的应尽力除掉祸害，现在反而招致祸害的到来，这恐怕不行吧？"庄公不听。石碏的儿子石厚与州吁交往，石碏禁止，但禁止不住。等到卫桓公当国君时，石碏就告老退休了。

隐公五年

春秋

 抑扬顿挫读《春秋》

五年春①，公矢鱼于棠②。夏四月，葬卫桓公。秋，卫师入郕③。九月，考仲子之宫④。初献六羽⑤。邾人、郑人伐宋。螟⑥。冬十有二月辛巳⑦，公子彄卒⑧。宋人伐郑，围长葛⑨。

 字斟句酌查注释

①五年：鲁隐公五年，即周桓公二年，公元前718年。

②矢鱼：看渔人陈列渔具捕鱼，作为戏乐。矢，陈列。棠：鲁国地名，在今山东省鱼台县。

③郕（chéng）：诸侯国名，姬姓，受封者成叔武为周文王的儿子，周武王和周公的弟弟。故城在今山东省汶上县，一说在宁阳县北。

④考：古代宗庙宫室或重要器物初成时举行的祭礼，也叫"落"或"成"。仲子之宫：指仲子之庙。仲子，鲁桓公的母亲。鲁隐公代鲁桓公执政，实际上奉鲁桓公为国君，故为鲁桓公尊异其母，为其别立一庙。

⑤初献六羽：仲子神主入庙时所献上的六羽乐舞。六羽，即六佾。古代乐舞，以八人为一列，称为一佾。按照古代礼制，天子八佾，诸侯六佾，大夫四佾，士二佾。

⑥螟（míng）：螟蛾的幼虫，吃稻的茎中或叶腋。《春秋》在此记载的是螟灾。

⑦辛巳：二十九日。

⑧公子彄（kōu）：指臧僖伯，字子臧，鲁孝公的

儿子。

　　⑨长葛：郑国地名，在今河南省长葛市东北。

　　鲁隐公五年春，鲁隐公在棠地观看渔人陈列渔具捕鱼，并以此为戏乐。夏四月，卫国安葬卫桓公。秋，卫国军队攻入郕国。九月，为仲子之庙举行落成典礼。初次献上六羽乐舞。邾国人、郑国人攻打宋国。鲁国发生螟蛾灾害。冬十二月二十九日，公子驱去世。宋国人进攻郑国，包围长葛。

· 臧僖伯谏观鱼 ·

知人论世聊背景

　　鲁隐公想要到棠地观看捕鱼，臧僖伯用当时社会的礼制去劝阻他。这反映了当时的礼制思想，即国君不能把游玩逸乐看作小节。故臧僖伯认为国君的一举一动都与国家政治相关，所以极力劝阻鲁隐公去"观鱼"。

《左传》故事解《春秋》

　　鲁隐公五年的春天，鲁隐公准备到棠地观看渔人捕鱼。臧僖伯进谏说："凡是物品不能用到讲习祭祀、军事等大事上，或者所用材料不能制作礼器和兵器，那么，国君就不要亲自去接触它。国君是把民众引向社会规范和行为准则的人。所以，讲习大事以法度为准则进行衡量，叫作'轨'；选用材料来装饰祭祀和军事之器以显示它的文彩，叫作'物'。

做事不守法度，滥用与祭祀、军事无关的物，叫作乱政。乱政屡次推行，这就是国家败亡的原因。所以，春蒐、夏苗、秋狝、冬狩这四种打猎的举动，都是在农业空闲时讲习的，并用来作为军事方面的训练。每三年大演练一次，回国都要对军队进行休整。还要到宗庙进行祭告，宴饮庆贺，清点军用器物和猎获物。要使车马、服饰、旌旗等文彩鲜艳，贵贱分明，等级井然，少长有序，这是讲习威仪。如果鸟兽的肉不能放到祭祀用的器具里，它的皮革、牙齿、骨角和毛羽不能用来制作或修饰礼器，那么这样的鸟兽，国君就不会去射它，这是自古以来的规矩。至于山林川泽的物产，是器皿用具的材料，是奴隶忙活的事情，有关官吏会按职分去管理，而不是国君需要过问的。"隐公说："我是打算要去视察边境啊。"于是，他就去了棠地，让渔民把各种渔具都摆出来捕鱼，在那里观赏。僖伯推说有病，没有随同前往。《春秋》上说："公矢鱼于棠"，说这一行为不合礼法，并且说他去的地方远离国都。

隐公十一年

抑扬顿挫读《春秋》

十有一年春①，滕侯、薛侯来朝②。夏，公会郑伯于时来③。秋七月壬午④，公及齐侯、郑伯入许⑤。冬十有一月壬辰⑥，公薨⑦。

字斟句酌查注释

①十有一年：鲁隐公十一年，即周桓王八年，公元前712年。

②滕：国名，姬姓，侯爵，开国国君为周文王之子错叔绣，故城在今山东省滕州市。薛：国名，任姓，侯爵，本在薛城，即今山东省滕州市，后迁至下邳，即今江苏省邳州市。

③时来：古地名，在今河南省郑州市。

④壬午：初三日。

⑤齐侯：指齐僖公。许：国名，姜姓，周武王封文叔于许地。许的故城在今河南省许昌市，后数次迁移，战国初期被魏灭。

⑥壬辰：十五日。

⑦公薨：鲁隐公去世。其被羽父所弑。

古文今解看译文

鲁隐公十一年春，滕侯、薛侯来鲁国朝见。夏，鲁隐公与郑庄公相会于时来。秋，七月初三，鲁隐公与齐僖公、郑庄公攻入许国。冬，十一月十五日，鲁隐公去世。

郑庄公戒饬守臣

左传

知人论世聊背景

　　鲁隐公十一年，齐、鲁、郑三国共同攻下许国，并将许地交给郑国来管理。郑庄公命许国大夫百里侍奉许庄公的弟弟许叔主持许国国政，并委派郑国大夫公孙获监政。郑庄公发表戒饬守臣的辞令。郑庄公是个成功的国君，通谋略，精权变，善外交。在他的带领下，郑国显赫一时。

《左传》故事解《春秋》

　　鲁隐公十一年秋七月，鲁隐公会合齐僖公、郑庄公攻打许国。初一，三国军队逼近许城之下。颖考叔举着郑国的蝥弧旗，首先登上了城墙，子都从下面用箭射他，颖考叔跌落城下。瑕叔盈又举起蝥弧爬上城墙，挥舞旗帜并呼喊道："我们国君登城啦！"于是郑国的军队全部登上城墙。初三这一天，郑庄公攻入许国。许庄公逃到卫国去了。

　　齐僖公要把许国让给鲁隐公。鲁隐公说："您说许国不交纳贡物，所以我跟随您讨伐它。现在许国已经认罪了，虽然您有命令，但我也不敢参与此事。"于是把许国送给郑庄公。

　　郑庄公让许国大夫百里侍奉许叔，住在许都的东部，对他说："上天降祸给许国，鬼神也不满意许君，所以借寡人之手来惩罚他。寡人有少数的几个同姓臣子尚且不能同心协力，哪里还敢拿击败许国作为自己的功劳呢？我有个弟弟，还不能和谐共处，致使他到处流浪，在四方奔走寄食，又怎么能长久占有许国呢？希望你侍奉许叔安抚这里的百姓，我将派公孙获来协助你。如果我能寿终正寝，上天也许会施恩撤回加于许国的祸患，愿意让许公再来掌管他的国家。到了那时，如果郑国有所请求，希望许国能像对待亲戚一样，能纡尊降贵地答应我们，赐予照顾。千万不要让他国乘机抢占这里，来和我郑国争夺这个地方。如果那样的话，我的子孙连挽救郑国的危亡都无暇顾及，又怎能顾得上祭祀许国的祖先呢？我让您留在这里，不仅仅为了许国，也借以巩固郑国的边境。"

郑庄公又派公孙获驻扎在许国都城的西部，对他说："凡是你的器物钱财，都不要放在许国。我死后，你就赶快离开这里。先君武公建立郑国的时间尚短，而且眼看着周王室的地位、权力逐渐衰微，我们这些周的子孙也逐渐失去祖先的功业。许国，是太岳后代，上天已经厌弃周朝的气运了，我怎么还能和许国相争呢？"

君子认为："郑庄公在这件事上是符合礼制的。礼制，是可以治理国家，稳定政权，安抚百姓，有利于后世子孙的。许国不守法度就去讨伐它，认罪了就宽恕它，衡量自己的力量去处理问题，估量自己的实力去行事，看清形势而后行动，不连累后人，可以说是知礼了。"

桓公

　　鲁桓公名允，是鲁惠公的嫡长子，鲁隐公的弟弟。他因是鲁惠公正妻仲子所生，所以被立为太子。鲁惠公去世时姬允年纪尚幼，由其兄长鲁隐公摄政。鲁隐公被杀后，鲁桓公在公元前711年即位，在位十八年。他有四个儿子：庶长子庆父，庶次子叔牙，嫡长子公子同，嫡次子季友。鲁桓公在公元前694年去齐国，被齐襄公公子彭生所杀。他去世后，鲁国立太子同，是为鲁庄公。其余三子庆父、叔牙、季友为争夺鲁国权力而纷争不断，被称为"三桓"。

桓公二年
春秋

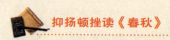 **抑扬顿挫读《春秋》**

二年春①，王正月，戊申②，宋督弑其君与夷及其大夫孔父③。滕子来朝④。三月，公会齐侯、陈侯、郑伯于稷⑤，以成宋乱⑥。夏四月，取郜大鼎于宋⑦。戊申⑧，纳于大庙⑨。秋七月，杞侯来朝。蔡侯、郑伯会于邓⑩。九月，入杞⑪。公及戎盟于唐⑫。冬，公至自唐⑬。

 字斟句酌查注释

①二年：鲁桓公二年，即周桓王十年，公元前710年。

②戊申：正月没有戊申日，此处记载错误。

③与夷：宋殇公。

④滕子：滕国国君。

⑤齐侯：指齐僖公。陈侯：指陈桓公。郑伯：指郑庄公。稷：宋国地名，在今河南省商丘市。

⑥以成宋乱：隐公三年，宋公子冯出居于郑。宋殇公与孔父数次和郑国交战，宋国太宰华父督杀了宋殇公，想迎立公子冯，这符合郑国的利益。华父督又贿赂各国，想要自立为君。被华父督贿赂的鲁、齐、陈、郑会于稷，成全了华父督之乱。

⑦郜大鼎：郜国制造的大鼎。郜，故城在今山东省成武县东南，在这一年被宋所灭。

⑧戊申：初九日。

⑨大庙：即鲁国太庙周公庙。大，同"太"。

⑩蔡侯：指蔡桓侯。邓：蔡国地名，在今河南省漯

河市郾城区东南。

⑪ 入杞：指鲁国攻入杞国。

⑫ 唐：鲁国地名，在今山东省鱼台县东北。

⑬ 公至自唐：鲁桓公从唐地归来。

 古文今解看译文

　　鲁桓公二年春，周历正月，戊申日，宋国华父督杀害了他的君主宋殇公和大夫孔父。滕子来鲁国朝见。三月，鲁桓公与齐僖公、陈桓公、郑庄公会于稷地，以成全宋国之乱。夏四月，从宋国取来郜国的大鼎。初九，将大鼎安置在太庙。秋七月，杞侯来鲁国朝见。蔡桓公和郑庄公相会于邓地。九月，鲁国攻入杞国。鲁桓公与戎结盟于唐地。冬，鲁桓公从唐地归来，向宗庙报告。

 ━━━━◆ **臧哀伯谏纳郜鼎** ◆━━━━

知人论世聊背景

　　宋国太宰华父督弑杀宋殇公，为了不让其他诸侯国前来声讨，就大肆贿赂诸侯国。华父督赠给鲁桓公一尊郜鼎，鲁桓公接受了下来，并将它安置在太庙之中。鲁国大夫臧哀伯得知后对鲁桓公进行劝谏，指出这样做违背了礼法，不应该将宋国贿赂的郜鼎安置在太庙。

《左传》故事解《春秋》

　　夏四月，鲁桓公从宋国取来了郜国的大鼎。初九，将大鼎安置在太

庙。这样做不符合礼制。

　　臧哀伯劝谏说："统治人民的人，要发扬美德而堵塞邪恶，以此作为百官学习的榜样，即便如此，还是会担心有所失误。所以，要显扬美德来示范于子孙。因此，太庙的屋顶要用茅草铺苫，用于祭天的车辆要铺上草席，肉汤不加调料，祭祀的粮食不用舂过的精米，这是为了显示节俭。礼服、礼帽、蔽膝、大圭、大带、裙子、绑腿、鞋子、横笄、瑱绳、冠系、冠布等，是要彰显衣冠制度。五彩丝绳、佩巾、刀鞘、鞘饰，革带、磨刀石、旗旒、旗缨等，是要表示各个等级的法度。画火、画龙、绣黼、绣黻，是要表现文饰。五色和同于形象，是要表现色彩。锡铃、鸾铃、衡铃、旗铃等，是要表现声音。画有日、月、星三辰的旌旗，是要表现明亮。行为的准则，俭朴而有度，增减也有数。用文饰、色彩来记录，用声音、明亮来发扬，以向百官做明显的表示，百官才会有所戒惧，不敢违反纪律。

　　如今废弃道德而树立违法之事，把受贿而来的礼器置于太庙，给百官观看，百官都来效法，还能惩罚谁呢？国家的败亡，是从官员的邪恶开始的。官吏失去道德，就使受宠与贿赂彰显。把郜国的大鼎安置在太庙，是要彰显出什么呢？周武王攻克殷商，把九鼎迁到雒邑，当时的义士还有人对他有非议，何况是将显扬违法乱纪的礼器置于太庙，这又该怎么办？"鲁桓公不听。

　　周朝的内史听说后，说："臧孙达的后代在鲁国可能会长享福禄吧。君主违礼，他不忘以道德来劝谏。"

桓公六年

春秋

抑扬顿挫读《春秋》

　　六年春①，正月，寔来②。夏四月，公会纪侯于成③。秋八月壬午④，大阅⑤。蔡人杀陈佗⑥。九月丁卯⑦，子同生⑧。冬，纪侯来朝。

字斟句酌查注释

　　①六年：鲁桓公六年，即周桓王十四年，公元前706年。

　　②寔：通"是"。这个人来到鲁国，指州公。

　　③成：即郕国。

　　④壬午：初八日。

　　⑤大阅：阅兵。主要检验兵车和军马。

　　⑥陈佗：陈公子五父。桓公五年，陈佗杀陈太子自立。

　　⑦丁卯：二十四日。

　　⑧子同：鲁桓公的儿子，名同，后即位，是为鲁庄公。

古文今解看译文

　　鲁桓公六年春，周历正月，州公前来鲁国。夏四月，鲁桓公与纪侯在成地相会。秋八月初八，鲁国举行阅兵。蔡国人杀死陈佗。九月二十四日，鲁桓公的儿子同出生。冬天，纪侯来鲁国朝见。

◆ 季梁谏追楚师 ◆

知人论世聊背景

　　楚国攻打随国，楚国大夫斗伯比建议楚军故意示弱，麻痹对手，使对方自大，使周围小国离心，最终达到灭掉对方的目的。随国大夫季梁劝谏随侯，要忠于百姓而取信于神明，亲近兄弟邻国，这样楚国就不敢来攻打了。

《左传》故事解《春秋》

　　楚武王侵犯随国，先派薳章去议和，军队扎在瑕地，等待谈判结果。随国派少师来主持议和。

　　斗伯比对楚王说："我们无法在汉水以东达到目的，这全是我们自己造成的。我们扩充军队，增加装备，以武力逼迫邻国。他们害怕因而协同起来对付我国，所以就很难离间他们了。汉水以东的诸国中，随国最大。如果随国骄傲起来，必定抛弃那些小国。小国离散，对楚国有利。少师这个人一向狂妄自大，请大王隐藏我军的精锐，让他看到疲弱的楚国士兵，使他更加傲慢起来。"熊率且比说："随国有季梁在，我们这么做能有什么用？"斗伯比说："这是为以后打算，因为现在少师正得他们国君的信任。"于是，楚武王故意损毁军容，以这副场面来接待少师。

　　少师回去，果然请求追击楚军。随侯将要答应他，季梁急忙阻止，说："上天正在帮助楚国，楚军显得很羸弱，是为了诱骗我们。君王何必急于出师呢？臣听说小国之所以能抗衡大国，是因为小国得道，而大国沉溺于私欲。什么是道呢？就是忠于百姓，取信于鬼神。居上位的人经常考虑如何利民，就是忠。祝史诚实地向神灵祭告，就是信。现在百姓

在挨饿而君王在纵情享乐，祝史在祭祀时虚报功德，臣不知道该怎么办了。"随侯说："我祭祀用的牲畜毛色纯正，膘肥体壮，祭器里的黍稷也很丰盛，怎么不能取信于神明？"季梁说："百姓，是神明的主人。圣明的君主总是先把百姓的事情办好，再致力于祭祀神明。所以在进献祭祀的牲畜时就祷告说：'请看献上的牲畜多么硕大肥壮啊！'意思就是说：我国百姓普遍富足，请看他们的牲畜肥大而繁殖生长，没有生病而瘦弱，品种齐全。在奉上黍稷时就祷告说：'请看献上的黍稷多么洁净而丰盛啊！'意思就是说：今年春、夏、秋三季都没有灾害，百姓和睦，收成很好。在进献美酒、甜酒时又祷告说：'请尝尝我们用好米酿成的美酒吧！'意思是说：请看我国上下都有美德，没有做违心的事情。由此可见，所谓馨香，就是上上下下有德性而没有谗言和邪行。百姓能够专心从事三时的农作，讲习五教，亲和九族，用这些行为祭祀神明。于是百姓都很和睦，神明降下福祉，所以做事情可以成功。如今，百姓各有自己的心事，神明没有了依靠，国君您虽然一个人祭祀丰富，但怎么能求得福祉呢？您还是先整顿内政，和周围兄弟国家亲密友好，也许这样才可以避免灾祸吧。"

随侯感到恐惧，于是整顿内政，楚国就没敢攻打过来。

春秋

桓公十三年

抑扬顿挫读《春秋》

十有三年春①，二月，公会纪侯、郑伯②。己巳③，及齐侯、宋公、卫侯、燕人战④。齐师、宋师、卫师、燕师败绩⑤。三月，葬卫宣公。夏，大水。秋七月。冬十月。

字斟句酌查注释

① 十有三年：鲁桓公十三年，即周桓王二十一年，公元前 699 年。

② 纪侯：纪靖侯。郑伯：郑厉公。

③ 己巳：初三日。

④ 齐侯：齐僖公。宋公：宋庄公。卫侯：卫惠侯。燕人：指南燕之君，因国小，不称君。

⑤ 败绩：大溃败。

古文今解看译文

鲁桓公十三年春，周历二月，鲁桓公与纪靖侯、郑厉公相会。初三，与齐僖公、宋庄公、卫惠侯、燕国人交战。齐、宋、卫、燕的军队大败。三月，安葬卫宣公。夏，发大水。秋七月。冬十月。

◆ 楚屈瑕伐罗 ◆

左传

知人论世聊背景

> 楚国攻打罗国，大司马屈瑕骄傲自大，独断专行，大意轻敌，导致楚国吃了败仗，自己也落得自缢而死的结局。这个故事既体现了"骄兵必败"的道理，也体现了楚武王及斗伯比、夫人邓曼的政治才能。

《左传》故事解《春秋》

鲁桓公十三年春，楚国的莫敖（楚官名，相当于大司马，掌军务）屈瑕进攻罗国，大夫斗伯比为他送行。回来时，斗伯比对为他驾车的人说："大司马一定失败。他走路把脚抬得很高，表明他的心神不稳定了。"

于是，斗伯比觐见楚武王，说："一定要增派军队！"楚武王拒绝了。楚武王回到宫中把斗伯比的话告诉了夫人邓曼。邓曼说："大夫斗伯比的意思不是要众多的军队，而是说君王要以诚信来安抚百姓，以德义来训诫官员，而以刑罚来使莫敖有所畏惧。他已经满足于蒲骚战役得胜的战术，他必然会自以为是，轻视罗国。君王如果不加以控制，不是等于不设防范吗？斗伯比所说的请君王训诫百姓，好好地安抚督察他们，召集官员们劝告他们要行善积德，见到莫敖告诫他上天对他的过错是不会宽容放纵的。如果不是这样，斗伯比大夫难道不知道楚国军队已经全部出发了吗？"于是，楚王派一名在楚国做官的赖国人追赶屈瑕，但没有追上。

屈瑕派人在军中发布通告："敢于进谏的人都要受刑罚！"楚国军队行进到鄢水岸边，由于渡河而失去了秩序。全军乱七八糟，毫无秩序，而且又不设防。到达罗国，罗国和卢戎的军队从两边夹攻楚军，把楚军打得大败。屈瑕在山谷里自缢，其他将领自我囚禁在冶父，等待楚武王处罚。楚武王说："这是我的罪过。"便把将领们都赦免了。

第三篇

庄公

　　鲁庄公名同，是鲁桓公的嫡长子，其母为文姜。公元前693年，鲁庄公继承国君之位，在位三十二年。鲁庄公时期，正是齐桓公成就霸业的时期。在此期间发生了著名的长勺之战。鲁庄公没有嫡子，临死前想要立庶子般为嗣君，其弟叔牙建议立鲁庄公的长弟庆父为君，另一弟季友则和鲁庄公一样支持般。鲁庄公死后，季友立般为君，后来庆父杀了般，立鲁庄公另一个庶子启为君，这就是鲁闵公。

庄公八年

春秋

抑扬顿挫读《春秋》

八年春①，王正月，师次于郎，以俟陈人、蔡人②。甲午③，治兵④。夏，师及齐师围郕，郕降于齐师。秋，师还。冬十有一月癸未⑤，齐无知弑其君诸儿⑥。

字斟句酌查注释

①八年：鲁庄公八年，即周庄王十一年，公元前686年。

②俟（sì）：等待。

③甲午：正月十三日。

④治兵：向士兵分发武器。

⑤癸未：初七日。

⑥无知：即公孙无知，齐庄公的孙子，齐襄公的堂弟。诸儿：即齐襄公。

古文今解看译文

鲁庄公八年春，周历正月，鲁军在郎地驻扎，等待陈国人和蔡国人。正月十三日，向士兵分发武器。夏，鲁军和齐军包围了郕国，郕国向齐军投降。秋，鲁军凯旋。冬十一月初七，齐国的公孙无知杀害了他的国君齐襄公。

· 齐无知弑其君诸儿 ·

知人论世聊背景

鲁庄公八年（公元前 686 年），齐国出现动乱。大夫连称、管至父因齐襄公不守信诺而造反，利用齐无知，派人刺杀齐襄公，齐无知成为国君。这次动乱，也为公子小白（即齐桓公）取得国君之位创造了机会。

《左传》故事解《春秋》

齐襄公派大夫连称、管至父戍守葵丘，让他们在瓜熟的时节前去，并对他们说："到明年瓜熟的季节就派人接替你们。"结果驻守了一年，齐襄公的命令仍然没有到来。连称、管至父请求派人换防，齐襄公不同意。因此，二人策划叛乱。

齐僖公（齐襄公父亲）的同母兄弟叫夷仲年，生了个儿子叫无知，无知受到齐僖公的宠信，他的服饰、礼仪等种种待遇都和嫡子一样。齐襄公执政之后，降低了无知的待遇。连称、管至父两个人就利用无知发动了叛变。

连称有个堂妹在齐襄公的后宫，得不到宠爱，连称让她去打探齐襄公的情况。无知对她说："事情成功后，我把你立为夫人。"

冬十二月，齐襄公在姑棼游玩，在贝丘打猎。他们遇见一头大野猪，随从说："这是公子彭生（齐国公子，之前因杀害鲁桓公而被齐襄公所杀）啊！"齐襄公发怒说："彭生你敢来见我！"就用箭射它。这只野猪像人一样站起身号叫。齐襄公害怕，从车上摔下来，伤了脚，还丢掉了鞋子。回去以后，责令寺人费去找鞋。费没有找到鞋，齐襄公就鞭打他，打得他背上流出血来。费从宫中走出来，在宫门口遇到叛贼。叛贼把他劫走并捆起来。费说："我哪里会抵抗你们啊！"解开衣服让他们看自己的背部，这些叛贼相信了他。费表示愿意和他们一起行动，请求先进宫去。他进去以后把齐襄公隐藏起来，然后出宫同其他寺人和叛贼格斗，死在宫门里。寺人石之纷如也被杀害在宫殿的台阶下。叛贼进入宫中，在床上杀死了假冒齐襄公的孟阳，说："此人不是国君，长得不像。"一眼看到齐襄公的脚从门下边露出来，于是就杀了他，拥立无知为国君。

当初，齐襄公即位以后，政令无常，言行没有准则。齐国大夫鲍叔牙说："国君要使百姓轻视他的政令，就会发生祸乱。"于是，他就事奉公子小白到莒国避乱。齐国发生叛乱，管夷吾、召忽拥护着公子纠急忙去了鲁国。

庄
公
九
年

春秋

 抑扬顿挫读《春秋》

九年春①，齐人杀无知。公及齐大夫盟于蔇②。夏，公伐齐，纳子纠。齐小白入于齐。秋七月丁酉③，葬齐襄公。八月庚申④，及齐师战于乾时⑤，我师败绩。九月，齐人取子纠杀之。冬，浚洙⑥。

 字斟句酌查注释

①九年：鲁庄公九年，即周庄王十二年，公元前685年。

②蔇（xì）：鲁国地名，在今山东省枣庄市。

③丁酉：二十四日。

④庚申：十八日。

⑤乾（gān）时：地名，位于今山东省淄博市临淄区。

⑥浚（jùn）：疏通水道。洙：泗水支流。

 古文今解看译文

鲁庄公九年春，齐国人杀死公孙无知。鲁庄公和齐国大夫在蔇地会盟。夏，鲁庄公攻打齐国，送公子纠回齐。公子小白进入齐国。秋，七月二十四日，安葬齐襄公。八月十八日，鲁军和齐国在乾时交战，鲁军落败。九月，齐国人索取公子纠，将其杀害。冬，疏通洙水的河道。

· 齐桓公入齐 ·

鲁庄公九年（公元前685年），公子小白击败由鲁国护送回国的公子纠后回到齐国，成为齐国国君，这就是齐桓公。齐桓公即位后听从鲍叔牙的意见，任用公子纠的谋士管仲为相，开创了一代霸业。

《左传》故事解《春秋》

鲁庄公九年春季，雍廪杀死无知。

鲁庄公和齐国的大夫在蔇地举行会盟，这是因为当时齐国没有国君。

夏季，鲁庄公进攻齐国，护送公子纠回国。可是公子小白已经从莒国抢先一步回到了齐国。

秋季，鲁国和齐国在乾时交战，鲁国军队大败。鲁庄公丢弃了战车，转乘一辆驿传的驿车逃回了鲁国。秦子、梁子打着庄公的旗帜躲在小道上为鲁庄公做掩护，所以二人都被齐军俘虏了。

鲍叔牙率领军队来鲁国说："子纠，是我齐君的亲兄弟，请君王杀了他。管仲、召忽，是我齐君的仇人，请交给我们亲手处死他们。"于是，齐人就在鲁国的生窦杀死公子纠。召忽也自杀了。管仲请求把他押送回齐国，鲍叔牙接受了请求，到了齐境堂阜，就把他释放了。回国后，鲍叔牙对齐桓公说："管仲治国的才能略高于高傒，可以让他辅佐君主。"齐桓公听从了他的意见。

庄公十年

春秋

 抑扬顿挫读《春秋》

十年春①，王正月，公败齐师于长勺②。二月，公侵宋③。三月，宋人迁宿④。夏六月，齐师、宋师次于郎。公败宋师于乘丘⑤。秋九月，荆败蔡师于莘⑥，以蔡侯献舞归⑦。冬十月，齐师灭谭⑧，谭子奔莒⑨。

 字斟句酌查注释

①十年：鲁庄公十年，即周庄王十三年，公元前684年。

②长勺：在今山东省济南市莱芜区东北。

③侵：古代军队出征，用钟鼓的叫伐，不用钟鼓的叫侵。

④迁：迁走百姓，霸占其土地。宿：在今江苏省宿迁市。

⑤乘丘：位于今山东省兖州市。

⑥荆：指楚国。因为楚先王熊绎僻处荆山，所以楚被称为荆。

⑦以：俘获。蔡侯献舞：指蔡哀侯，名献舞。

⑧谭：国名，故城在今山东省济南市。

⑨莒：国名，子爵，故城在今山东省莒县一带。

 古文今解看译文

鲁庄公十年春，周历正月，鲁国在长勺击败了齐国。二月，鲁庄公进攻宋国。三月，宋国人将宿地的百姓迁徙。夏六月，齐军、宋军驻扎在郎地。鲁庄公在乘丘打败了宋国。秋九月，楚国在莘地打败了蔡国，俘虏了蔡哀侯回国。冬十月，齐国灭了谭国，谭子出逃至莒国。

· 曹刿论战 ·

左传

知人论世聊背景

　　公元前684年，齐国和鲁国爆发了著名的长勺之战，这是我国古代战争史上以弱胜强的经典战例之一。鲁人曹刿在战前与鲁庄公就是否可以作战进行了论辩；在作战过程中通过把握时机克敌制胜；战后通过战场细节判断敌情，从而做出追击敌军的正确决定，帮助鲁国打败了齐国。

《左传》故事解《春秋》

　　鲁庄公十年的春季，齐国军队前来攻打鲁国，鲁庄公准备迎击。曹刿请求觐见。他的同乡说："那些身居高位的大官在那里谋划，你又何必参与到这些事情当中呢？"曹刿说："大官们见识短浅，不能深谋远虑。"于是，曹刿请求觐见。

　　曹刿问鲁庄公凭借什么条件来应战。鲁庄公说："衣着吃食的享受，不敢独自享用，一定分给别人。"曹刿对答道："小恩小惠不能遍及百姓，百姓是不会跟从您的。"鲁庄公说："祭祀用的牛羊玉帛，不敢擅自增加，祷告时必说实话。"曹刿说："小的诚实不能使神灵信任，神灵是不会赐福的。"鲁庄公说："大大小小的案件，虽不能一一明察，但一定做到合情合理。"曹刿答道："这属于为百姓尽心办事的行为，可以凭这个条件打一仗。作战时请让我跟随您一起去。"

鲁庄公和曹刿同乘一辆兵车，两军在长勺展开战斗。鲁庄公将要击鼓进军，曹刿说："不可。"齐军击鼓三次之后，曹刿说："可以击鼓进军了。"交战结果是齐军大败。鲁庄公又要下令追击，曹刿说："不可。"他下车看了齐军战车的轨迹，又登上车扶着车前的横木瞭望，说："可以了。"于是，鲁军对齐军进行追击。

战斗胜利之后，鲁庄公问他这样做的缘故。曹刿回答说："作战，靠的是勇气。击第一通鼓的时候军队的士气便振作了起来，击第二通鼓的时候士气开始减弱，击第三通鼓的时候士气就衰竭了。敌军的士气衰竭而我军的士气旺盛，所以能够战胜他们。大国难于捉摸，恐怕藏有伏兵。我看到他们战车的轨迹杂乱，望见他们的旗子倒下了，所以才下令追击他们。"

庄公三十二年

 **抑扬顿挫读《春秋》**

　　三十有二年春①，城小谷②。夏，宋公、齐侯遇于梁丘③。秋七月癸巳④，公子牙卒⑤。八月癸亥⑥，公薨于路寝⑦。冬十月己未⑧，子般卒⑨。公子庆父如齐⑩。狄伐邢⑪。

 字斟句酌查注释

　　①三十有二年：鲁庄公三十二年，即周惠王十五年，公元前662年。

　　②小谷：齐国地名，在今山东省平阴县东阿镇。

　　③宋公：即宋桓公。齐侯：即齐桓公。梁丘：宋国地名，在今山东省成武县东北。

　　④癸巳：初四日。

　　⑤公子牙：僖叔，即叔牙。

　　⑥癸亥：初五日。

　　⑦公薨于路寝：按照当时的礼制，以诸侯死于路寝为得其正。路寝，正寝，古代国君处理政事的宫室。

　　⑧己未：初二日。

　　⑨子般：鲁庄公太子。

　　⑩庆父：鲁庄公的弟弟。

　　⑪邢：姬姓诸侯国，故城在今河北省邢台市。

 古文今解看译文

　　鲁庄公三十二年春，修筑小谷的城墙。夏，宋桓公、齐桓公在梁丘举行非正式会面。秋七月初

四，公子牙去世。八月初五，鲁庄公在路寝去世。冬十月初二，子般去世。公子庆父前往齐国。狄人攻打邢国。

—— · 不去庆父，鲁难未已（一）· ——

知人论世聊背景

鲁庄公晚年，国内大权落入鲁庄公的兄弟庆父、叔牙、季友手中。鲁庄公去世后，三家为君主继立相互争斗，庆父杀了太子般，立了鲁闵公为国君……

《左传》故事解《春秋》

当初，鲁庄公建造高台，从台上可以看到党氏的住宅。他在台上望见党氏的女儿孟任，就下台追逐。孟任闭门拒绝。鲁庄公说要娶孟任为夫人，孟任答应了，割破手臂和鲁庄公盟誓。后来，孟任生了子般。鲁国要举行求雨的祭祀，事先在梁氏家中演习。鲁庄公的女儿观看演习，一个叫荦的养马官员从墙外调戏她。子般看到后十分恼怒，就让人鞭打荦。鲁庄公说："不如杀掉他，这个人是不能鞭打的。他很有力气，能将门扇举起来扔到南城的稷门之上。"

鲁庄公生了重病，向叔牙询问继承人的事。叔牙回答说："庆父有才能。"又向季友询问，季友回答说："臣以死来事奉子般。"鲁庄公说："之前叔牙说'庆父有才能'。"季友就派人用国君的名义让叔牙等在缄巫家里，让缄巫在叔牙的酒里下了毒，并对他说："喝了这杯酒，你的后代在鲁国还可以享有禄位；不这么做的话，你就难逃一死，连你的后代也都保留不下来。"叔牙最终喝了毒酒，就往回走，走到逵泉就死去了。鲁国

　　立他的后人为叔孙氏。

　　八月初五，鲁庄公死在路寝
之中。子般即位，住在党氏家里。
冬季，十月初二，庆父派那个圉
人荦在党家刺死了子般。季友逃
亡到陈国。鲁国又立闵公为国君。

闵公

　　鲁闵公名启，是鲁庄公的庶子，母亲叔姜。公元前662年，鲁庄公去世，季友执行庄公的命令，立子般为君。子般即位仅两个月，就被庆父派围人杀死于党氏家中。后庆父立启为国君，是为鲁闵公。鲁闵公年纪幼小，国家大权落入庆父手中。鲁闵公在位仅仅两年，于公元前660年被庆父派卜齮袭杀于鲁国宫殿的侧门内。

闵公元年

春秋

 抑扬顿挫读《春秋》

元年春①，王正月。齐人救邢。夏六月辛酉②，葬我君庄公。秋八月，公及齐侯盟于落姑③。季子来归④。冬，齐仲孙来⑤。

 字斟句酌查注释

①元年：鲁闵公元年，即周惠王十六年，公元前661年。

②辛酉：初七日。

③落姑：也作"洛姑"，齐国地名，在今山东省平阴县。

④季子：即季友，此时他从陈国回到鲁国。

⑤仲孙：即仲孙湫，齐国大夫。

 古文今解看译文

鲁闵公元年春，周历正月。齐国人救援邢国。夏六月初七，安葬鲁国国君鲁庄公。秋八月，鲁闵公与齐桓公结盟于落姑。季友回到国内。冬，齐国大夫仲孙湫前来鲁国。

·不去庆父，鲁难未已（二）·

知人论世聊背景

　　鲁闵公即位后仅仅两年，也被庆父派人杀害了。此时就连鲁国之外的齐国人都认为"不去庆父，鲁难未已"。

《左传》故事解《春秋》

　　秋八月，鲁闵公和齐桓公在落姑结盟，请求齐桓公帮助季友回国。齐桓公答应了，派人从陈国召回季友，鲁闵公住在郎地等候他。《春秋》记载说"季子来归"，这是赞扬季友。

　　冬季，齐国的仲孙湫前来对鲁国发生的祸难表示慰问，《春秋》称他为"仲孙"，也是赞扬他。仲孙回到齐国后对齐桓公说："不除掉庆父，鲁国的祸难是没完没了的。"齐桓公说："怎么样才能除掉庆父呢？"仲孙回答说："庆父不断制造祸难，自己就会遭遇祸患而亡，您就等着吧！"齐桓公说："鲁国可以夺取吗？"仲孙说："不行。他们还执行着周的礼仪。周礼，是立国的根本。下臣听说：'国家将要灭亡，就如同大树，躯干必然先要动摇，然后枝叶随着落下。'鲁国不抛弃周礼，是不能动它的。您应当先着手安定鲁国的祸难并且亲近它。亲近遵守礼仪、稳定牢固的国家，离间内部涣散的国家，覆灭君昏臣乱的国家，这是成就霸王大业的策略。"

闵公二年

抑扬顿挫读《春秋》

二年春①，王正月，齐人迁阳②。夏五月乙酉③，吉禘于庄公④。秋八月辛丑⑤，公薨。九月，夫人姜氏孙于邾⑥。公子庆父出奔莒。冬，齐高子来盟⑦。十有二月，狄入卫。郑弃其师。

字斟句酌查注释

①二年：鲁闵公二年，即周惠王十七年，公元前660年。

②阳：国名，故城在今山东省沂南县。齐人迁阳，指的是齐人逼迫阳人迁走，攻占了阳国的土地。

③乙酉：初六日。

④吉禘（dì）：古代诸侯死后，进行三年丧期，之后将其神主送入太庙，合诸祖的神主举行的大祭叫作禘。因为丧期已满，凶事已毕，故称吉禘。

⑤辛丑：二十四日。

⑥夫人姜氏：指鲁庄公夫人哀姜。孙（xùn）：通"逊"，逃亡。

⑦高子：齐国的高傒。子是对人的尊称。来盟：指齐桓公派高傒慰问鲁国的庆父之难。

古文今解看译文

鲁闵公二年春，周历正月，齐国人迁徙阳国的百姓。夏五月初六，为鲁庄公举办大型祭祀。秋八月二十四日，鲁闵公去世。九月，哀姜逃亡到邾

春秋左传这样读

国。庆父逃亡到莒国。冬，齐国的高傒来到鲁国，与鲁国结盟。十二月，狄人攻入卫国。郑国抛弃了他们的军队。

·不去庆父，鲁难未已（三）·

知人论世聊背景

在齐国的协助下，鲁国人民终于除掉了庆父，稳定了鲁国的内政。后世便用"不去庆父，鲁难未已"这个典故来比喻不清除制造内乱的罪魁祸首，国家就得不到安宁。

《左传》故事解《春秋》

当初，鲁闵公的老师夺取了卜齮的田地，鲁闵公未加禁止。秋季，八月二十四日，庆父派卜齮将鲁闵公杀害于鲁国宫殿的侧门内。季友带着后来的鲁僖公逃亡到了邾国。等到庆父逃亡到莒国之后，季友和鲁僖公才回到鲁国，拥立鲁僖公为国君。季友贿赂莒国，要求他们交出庆父，莒国人把庆父送了回来。庆父到达密地时，派公子鱼向鲁国请求赦免自己，没有得到同意，公子鱼哭着返回来。庆父听到哭声说："这是公子鱼的哭声啊！"于是绝望地上吊自杀了。

鲁闵公，是哀姜的妹妹叔姜的儿子，所以齐人把他立为鲁国国君。庆父和哀姜私通，哀姜想立庆父为国君。鲁闵公的死，哀姜事先知道内情，所以她逃到了邾国。齐国人向邾人索取哀姜，在夷地杀了她，把她的尸首运回鲁国。鲁僖公向齐国说明后安葬了哀姜。

·狄人伐卫·

知人论世聊背景

　　卫懿公贪图享乐，喜好养鹤，引起国内百姓的愤恨。鲁闵公二年，北方的狄人入侵卫国，最终导致卫国被灭。这是春秋时期乐而忘忧最终导致国破身死的一个典型事例。

《左传》故事解《春秋》

　　冬十二月，狄人入侵卫国。卫懿公喜欢养鹤，甚至还给鹤乘坐轩车，享受大夫级别的待遇。当卫国要应战时，被授予甲胄上阵迎敌的士兵都说："让鹤去，鹤实际上享有官禄、官位，我们哪里能打仗呢？"卫懿公把玉佩给了石祁子，把箭给了宁庄子，让他们去守城，说："用这个来救助国家，选择有利的情形去做。"把绣衣给了夫人，说："听他们二人的！"渠孔为卫懿公驾驭战车，子伯作为车右，黄夷在前面冲锋陷阵，孔婴齐殿后。卫懿公率军和狄人在荧泽作战，卫军大败。之后，狄人消灭了卫国。因为作战时，卫懿公不肯拔掉自己的旗帜，所以惨败。

　　狄人囚禁了史官华龙滑和礼孔，让他们带路追赶卫国人。这两个人说："我们只是太史，执掌祭祀。你们如果不先入国祭祀卫国祖先，是不能得到卫国的。"于是狄人就让他们先进入卫国国都。二人到了卫国国都，告诉守卫的人说："不能抵御了。"夜里，他们和国都的人一起退走。狄人进入卫国国都后，跟着追上去，在黄河边上打败了卫国人。

　　当初，卫惠公即位的时候还很年轻，齐人让卫宣公的儿子昭伯（卫惠公庶兄）和卫惠公的母亲宣姜成亲，昭伯不同意，便受到了逼迫。宣姜生了齐子、卫戴公、卫文公、宋桓公的夫人、许穆公的夫人。卫文公因为卫国国内祸患太多，在交战之前就逃到了齐国。等到卫国被狄人击败后，宋桓公在黄河边上亲自迎接逃亡的卫国军民，卫人连夜渡河。卫国的遗民男女共计七百三十人，加上共地、滕地的百姓共五千人。他们拥立卫戴公为国君，暂时寄居在曹邑。许穆公的夫人作了《载驰》这首诗。齐桓公派遣公子无亏率领战车三百辆、披甲战士三千人守卫曹邑。又赠送给卫戴公驾车的马匹，祭服五套，牛、羊、猪、鸡、狗各三百只，还有做门户的木材。赠送给卫戴公夫人用鱼皮装饰的车子和上等绸缎三十匹。

左传

◆ 晋侯使太子申生伐皋落氏 ◆

晋献公宠爱骊姬，因而想废掉之前所立的太子申生，而立骊姬所生的奚齐为继承人，于是命令太子申生率领军队去攻打皋落氏。这是晋献公的一个圈套，他想使申生处于进退两难的境地。申生的谋臣对此议论纷纷。这说明晋国内部的权力斗争已经到了白热化的地步。

《左传》故事解《春秋》

晋献公派遣太子申生进攻东山的皋落氏。大夫里克进谏说："太子是奉事宗庙祭祀、社稷大祭和早晚照看国君饮食的人，所以才被称为冢子。国君外出，他就应守护国家，国君出征守护疆土时，他就应跟随国君出行。跟随在外叫作抚军，守护在国内叫作监国，这是古代先王的制度。至于带兵作战，对各种策略做出决断，全权指挥军队，发号施令，这是国君和正卿应该做的，不是太子的权力范围之内的事情。率领大军的关键在于把握军权，太子领兵，凡是遇事都要请示就会失去威严，擅自发令而不请示又不讲孝道，所以国君的继任者不能统帅军队。如果让太子领兵，那么国君就失去了任命职官的准则，太子统率军队也没有权威，你这样做是为什么呢？而且下臣听说皋落氏准备出兵抵抗我们，君王还是不要让太子去为好。"晋献公说："我有好几个儿子，还不知道立谁为嗣君呢！"里克听后不作回答，就退了下去。

里克进见太子申生，太子说："我是要被废掉吗？"里克回答说："命令您治理百姓，教导您熟悉军事，你应该担心的是你不能胜任，为什么会害怕被废呢？而且作为太子，你只能担心对君王的不孝，不应该害怕不能被立为嗣君。完善自己而不去责备别人，就可以免于祸难。"

太子申生带领军队出征，晋献公让他穿左右异色的衣服（其中一半的颜色与晋献公的衣服颜色相同），送给他金玦（带有缺口的环形青铜佩器）佩带。任命狐突驾驭战车，先友作为车右。梁余子养为罕夷驾驭战车，先丹木作为车右。羊舌大夫为管理各级军官的军尉。先友说："国君给你穿上一半国君的衣服，让你掌握着指挥军事的大权，成败全在这一回了，您要努力啊！分出一半衣服给你，看起来没有恶意，兵权在手可以远离灾祸，国君对你亲近又远离灾祸，还有什么可担心的呢？"狐突

叹息说："行动的时令暗示着事情成败的征兆；衣服，是身份的体现；身上的配饰，代表着人的心意。所以如果看重这件事，就应该在四季开始的时候发布命令；要彰显他的身份，就不要让他穿杂色的衣服；使人衷心为自己所用，就要让他佩带合于礼度的装饰品。如今在年终发布命令，那是要让事情不能顺利进行；赐给他穿杂色衣服，那是要使他疏远；让他佩带缺口青铜环佩器，那表示出了丢弃太子的内心。现在是用衣服疏远他，用时令使他不能顺利进行。杂色，意思是凉薄；冬天，体现着肃杀；金子，意味着寒冷；玦，表达着决绝，这还有什么可以指望的呢？即使想着要勉力而为，狄人难道可以被消灭得一个人也不剩吗？"梁余子养说："统领军队的人，在宗庙里接受命令，在祭祀土神的地方接受祭肉，还应穿常规的服饰。现在得不到常规的服饰而得到了杂色的衣服，国君命令出兵的含义就不言而喻了。战死以后也要落个不孝的罪名，不如逃了吧！"罕夷说："杂色的奇装异服不合规定，青铜环形佩器表示不再回来。这样，即使回来又能怎样呢？国君已经有和太子决绝的心了。"先丹木说："这样的衣服，就是疯子也不会去穿的。国君说'将敌人消灭光了再回来'，敌人难道可以消灭得一干二净吗？即使把敌人消灭干净了，还有人在朝廷进谗言，不如离开这里。"狐突要带着太子逃走，监军的羊舌大夫说："这样是不行的。违背命令是不孝，抛弃责任是不忠。即使已经感到了天气和人心都很冷酷，不孝不忠这样的邪恶也是不可取的。咱们一起拼死吧！"

太子准备作战，狐突劝阻说："不可以。从前辛伯劝阻周桓公说：'姜媵与王后地位相同，宠臣与正卿并列，庶子和嫡子同等，大城和国都相同，这就是国家动乱的根本原因。'周桓公不听，所以遭到祸难。现在咱们国家祸乱的原因已经形成，您还能肯定会立您为嗣君吗？还不如行孝道来安定百姓，您还是考虑一下这样的事情吧。"

僖公

　　鲁僖公名申，是鲁庄公的少子，鲁闵公的弟弟，母亲为成风。公元前660年，庆父派人杀了鲁闵公，季友扶持姬申继位，这就是鲁僖公。鲁僖公在位三十三年，于公元前627年去世，其子文公兴立。鲁僖公在位期间，晋国在晋文公的励精图治下称霸，诸侯国之间发生了几次重要战争。

僖公四年

抑扬顿挫读《春秋》

　　四年春①，王正月，公会齐侯、宋公、陈侯、卫侯、郑伯、许男、曹伯侵蔡②。蔡溃，遂伐楚，次于陉③。夏，许男新臣卒。楚屈完来盟于师④，盟于召陵⑤。齐人执陈辕涛涂⑥。秋，及江人、黄人伐陈。八月，公至自伐楚。葬许穆公。冬十有二月，公孙兹帅师会齐人、宋人、卫人、郑人、许人、曹人侵陈⑦。

字斟句酌查注释

　　① 四年：鲁僖公四年，即周惠王二十一年，公元前656年。

　　② 许男：即许穆公，名新臣。侵蔡：此事件的前一年，蔡国将齐桓公夫人蔡姬嫁到别国，引起诸侯集体讨伐蔡国。

　　③ 陉（xíng）：楚国地名，在今河南省漯河市郾城区南。

　　④ 屈完：楚国大夫。

　　⑤ 召陵：地名，在今河南省漯河市郾城区东。

　　⑥ 辕涛涂：陈国大夫。

　　⑦ 公孙兹：鲁桓公之孙，叔牙之子，史称叔孙戴伯。

古文今解看译文

　　鲁僖公四年春，周历正月，鲁僖公联合齐桓

公、宋襄公、陈宣公、卫文公、郑文公、许穆公、曹昭公入侵蔡国。蔡国溃败，于是联军又讨伐楚国，驻扎在陉地。夏，许穆公新臣死于军中。楚大夫屈完到诸侯军中会盟，在召陵结盟。齐国人抓到陈国大夫辕涛涂。秋，齐国军队联合江、黄二国攻打陈国。八月，鲁僖公从讨伐楚国的军队中归国。安葬许穆公。冬十二月，公孙兹率军联合齐国、宋国、卫国、郑国、许国、曹国的军队入侵陈国。

◆ 齐桓公伐楚盟屈完 ◆

知人论世聊背景

南方的楚国日益兴盛，连年出兵攻打郑国，步步紧逼中原。为了遏制楚国的野心，齐桓公率领齐、鲁、宋、陈、卫、郑、许、曹八国诸侯挥师南下，与楚国决战。楚国毫不怯懦，与之针锋相对，最后齐、楚在召陵订立盟约，暂时休兵。齐桓公此次出兵虽然并没有引发战争，但也有效地削弱了楚国的锋芒，暂时消除了楚国对中原的威胁，达到了目的。

《左传》故事解《春秋》

鲁僖公四年春天，齐桓公率领宋、鲁等诸侯军队攻打蔡国，蔡国溃败。接着诸侯联军又去攻打楚国。

楚成王派使节去军中质问齐桓公说："贵国在北方，我国在南方，双方相距遥远，即使是马牛发情狂奔也不会到达彼此的疆界。然而，没想到您率兵进入了我们的国土，这是什么缘故？"管仲回答说："从前，召康公命令我们先君姜太公说：'天下的诸侯，不论谁有过错，你都有权征讨他们，从而共同辅佐周王室。'召康公还给了我们先君征讨的范围：东到海边，西到黄河，南到穆陵，北到无棣。你们楚国，应该进贡的包茅还没有进贡，造成周王室的祭祀供不上，没有用来渗滤酒渣的东西，寡人特意来追究责任。周昭王南巡到楚国却没有返回，寡人特来查问这件事。"楚国使臣回答说："贡品没有上交，是我们国君的过错，我们怎么敢不供给呢？周昭王南巡没有返回，还是请您到水边去问一问吧！"于是齐军继续前进，临时驻扎在楚国境内的陉地。

这年夏天，楚成王派使臣屈完到诸侯联军那里，诸侯联军后撤，临时驻扎在召陵。

齐桓公让诸侯国的军队摆开阵势，与屈完同乘一辆战车观看军容。

齐桓公说："列国难道是为我而来吗？他们不过是为了继承我们先君的友好关系罢了。你们也同我们建立友好关系，怎么样？"屈完回答说："承蒙您惠临敝国，并为我们的国家求福，愿意接受我国国君做盟友，这正是我们国君的心愿！"齐桓公说："用这样的军队来作战，谁能够抵挡他们？用这些军队攻打城池，什么样的城攻不下？"屈完回答说："如果您用仁德来安抚诸侯，哪个敢不服从？如果您用武力的话，那么楚国就把方城山当作城墙，把汉水当作护城河，您的兵马虽然众多，恐怕也没有用处！"

后来，屈完代表楚国与诸侯国订立了盟约。

僖公五年

抑扬顿挫读《春秋》

五年春①，晋侯杀其世子申生②。杞伯姬来朝其子③。夏，公孙兹如牟④。公及齐侯、宋公、陈侯、卫侯、郑伯、许男、曹伯会王世子于首止⑤。秋八月，诸侯盟于首止。郑伯逃归不盟。楚人灭弦⑥，弦子奔黄⑦。九月戊申朔，日有食之⑧。冬，晋人执虞公。

字斟句酌查注释

①五年：鲁僖公五年，即周惠王二十二年，公元前655年。

②世子：天子、诸侯的嫡长子，太子。

③伯姬：杞成公的夫人。朝其子：派她的儿子来朝见。

④牟：国名，鲁国的邻国，故城在今山东省莱芜市东。

⑤王世子：周惠王太子郑，即后来的周襄王。首止：地名，在今河南省睢县东南。

⑥弦：国名，嬴姓，故城在今河南省光山县。

⑦黄：国名，嬴姓，故城在今河南省潢川县西。

⑧九月戊申朔，日有食之：指公元前655年8月19日的日全食。

古文今解看译文

鲁僖公五年春，晋献公杀了他的太子申生。杞伯姬派她的儿子来鲁国朝见。夏，公孙兹前往牟国。鲁僖公和齐桓公、宋襄公、陈穆公、卫文公、郑文

公、许僖公、曹昭公在首止会见周王太子。秋八月，诸侯在首止结盟。郑文公逃回国不参加盟会。楚成王灭掉弦国，弦子逃到黄国。九月初一，出现日全食。冬，晋国人俘虏了虞国国君。

· 宫之奇谏假道 ·

知人论世聊背景

　　鲁僖公二年，晋献公用名马美玉为诱惑向虞国请求借道攻打虞国的邻国虢国，虞君贪图钱财，答应了请求。鲁僖公五年，晋国再次提出借道虞国去攻打虢国。虞国大臣宫之奇看出了晋国的野心，向虞君痛陈借道的利害关系，劝说虞君不要执迷于宗族观念，寄希望于神灵保佑。虞君不听，借道给晋军，结果晋军在灭虢之后顺便也把虞国灭掉了。

《左传》故事解《春秋》

　　晋献公再次向虞国借路去攻打虢国。宫之奇劝谏道："虢国，是虞国的屏障；虢国如果灭亡了，虞国必定会跟着被灭。您可不要助长晋国的野心，引入他国军队不可轻视。一次借路已经过分了，难道还可以来第二次吗？俗话说'车子和辅板互相依靠支撑，脸颊与牙床互相依靠，嘴唇没有了，牙齿就会感到寒冷'，说的就是虞国和虢国互相依存的关系啊。"

　　虞公说："晋国与我是同宗，难道会加害于我吗？"宫之奇回答说："泰伯、虞仲，是太王的儿子。泰伯不在身旁，因此没有继承王位。虢仲、虢叔，是王季的儿子，做过文王的大臣，对王室有功劳，受封的典

册还藏在盟府之中。现在晋国既然连虢国都想灭掉，对虞国又怎么会爱惜呢？况且虞国与晋国的关系，能比桓、庄两族与晋国更亲近吗？晋君爱护桓、庄两族吗？桓、庄两族有什么罪过，却遭杀戮，不就是因为近亲的势力威胁到自己了吗？亲族地位尊崇，威胁到晋侯尚且要被杀害，何况一个国家呢？"

虞公说："我祭祀鬼神的祭品丰盛而干净，神灵一定会站在我们这一边的。"宫之奇回答说："臣听说，神灵不会随便亲近哪一个人，只有对有德行的人才会去保护。所以《周书》上说：'上天没有私亲，只帮助那些有德行的。'又说：'祭祀用的黍稷不算芳香远播，只有美好的德行才算芳香远播。'又说：'人们不必改变自己的祭品，只有美好的德行才能作为祭品。'如此看来，没有道德，百姓就不能和睦，神灵就不会享用祭品。神灵所依凭的，只在于德行罢了。如果晋国攻取了虞国，用发扬美德的方式来使祭品真正地发出芳香，神灵难道还会吐出来吗？"

虞公不听，答应了晋国使臣的要求。

宫之奇带领他的族人离开了虞国，临行前说："虞国等不到年终的蜡祭了。虞国的灭亡，就在晋军的这次行动中，晋国用不着再次发兵了。"

八月十七日，晋献公围攻上阳，问卜偃说："我能成功吗？"卜偃回答："能攻克。"献公问："什么时候？"卜偃回答："童谣说：'丙子日早上，龙尾星的光芒被太阳掩藏，军服整齐威武昂扬，必将夺取虢国的旗帜。鹑火星飞驰，天策星黯淡无光，鹑火在南方，虢君将逃亡。'恐怕就在九月末十月初。日在尾星，月在天策星，鹑火星在正南，时候就到了。"

这一年的冬季，晋国灭虢国。虢公丑跑到京师。晋国班师的时候，驻扎在虞国，于是袭击了虞国，灭了它，俘虏了虞君和大夫井伯，将井伯作为秦穆姬的陪嫁。晋国代为祭祀虞国境内的山川之神，而且把虞国的赋税送给周王。所以史书上记载"晋人执虞公"是归罪于虞国，并且表明晋国取虞国很容易。

僖公十五年

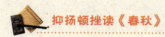

抑扬顿挫读《春秋》

十有五年春①，王正月，公如齐。楚人伐徐②。三月，公会齐侯、宋公、陈侯、卫侯、郑伯、许男、曹伯盟于牡丘③，遂次于匡④。公孙敖帅师及诸侯之大夫救徐⑤。夏五月，日有食之。秋七月，齐师、曹师伐厉⑥。八月，螽⑦。九月，公至自会⑧。季姬归于鄫。己卯晦⑨，震夷伯之庙⑩。冬，宋人伐曹。楚人败徐于娄林⑪。十有一月壬戌⑫，晋侯及秦伯战于韩⑬，获晋侯⑭。

字斟句酌查注释

① 十有五年：鲁僖公十五年，即周襄王八年，公元前 645 年。

② 徐：国名，故城在今安徽省泗县西北。

③ 牡丘：地名，在今山东省聊城市东北。

④ 匡：宋国地名，在今河南省睢县西。

⑤ 公孙敖：鲁国庆父的儿子孟穆伯。

⑥ 厉：国名，故城在今河南省鹿邑县东。

⑦ 螽（zhōng）：蝗类的总称，这里指蝗灾。

⑧ 至自会：从牡丘会盟后归国。

⑨ 己卯：九月三十日。晦：阴历每月的最后一天。

⑩ 震：雷击。夷伯：鲁大夫展氏的祖父。

⑪ 娄林：地名，在今安徽省泗县东北。

⑫ 壬戌：十四日。

⑬ 韩：韩原，在今陕西省韩城市西南。

⑭ 获：擒获。

 古文今解看译文

　　鲁僖公十五年春，周历正月，鲁僖公前往齐国。楚国人讨伐徐国。三月，鲁僖公与齐桓公、宋襄公、陈穆公、卫文公、郑文公、许僖公、曹共公在牡丘会盟，诸侯联军驻扎在匡地。公孙敖率领军队和诸侯国一起救徐国。夏五月，发生日食。秋七月，齐国、曹国攻打厉国。八月，发生蝗灾。九月，鲁僖公从牡丘会盟后归国。季姬回到鄫国。九月三十日，雷击中了夷伯的庙。冬，宋国人攻打曹国。楚国人在娄林战胜了徐国。十一月十四日，晋惠公和秦穆公在韩原对战，秦国将晋惠公擒获。

· 阴饴甥对秦伯 ·

左传

知人论世聊背景

　　晋惠公是个贪婪无厌、背信弃义的小人。他在国家发生骊姬之乱后得到秦穆公帮助而获得王位，当上国君后又出尔反尔，并没有报答秦国的恩惠。于是，秦讨伐晋国，双方在韩原交战。晋国失败，晋惠公被俘。鲁僖公十五年十月，晋国派使臣阴饴甥到王城与秦国会盟，阴饴甥作为战败国的代表，面对秦穆公，虽理屈不容置疑，但是他并未词穷，与秦穆公展开了辩论。

《左传》故事解《春秋》

　　鲁僖公十五年十月，晋国阴饴甥会见秦穆公，两国在王城订立盟约。秦穆公问他："你们晋国上下意见一致吗？"阴饴甥说"不一致。小人以

失去国君为耻辱，又因丧失亲人而悲伤，不怕多征赋税，舍得花钱添置武器盔甲，并且拥立太子姬圉继任国君。他们说：'宁肯奉事戎狄，也要报此仇。'君子则爱护自己的国君而知道他的罪过，不怕多征赋税，舍得花钱和整顿军队，以等待秦国送回国君的命令，他们说：'宁可牺牲，也一定要报答秦国的恩德。'所以说不和睦。"

秦穆公又问："你们对国君的命运有什么看法？"阴饴甥说："小人发愁，认为国君不一定会免于灾祸；君子宽心，以为国君必定回来。小人说：'我们得罪了秦国，秦国岂肯让国君回来？'君子说：'我们已认罪了，秦国必定让国君回来。'他有二心，就抓起来；他认罪了，就放回来。恩德再没有比这更深厚的了，刑罚也没有比这更威严的了。内心臣服的自然感恩怀德，那怀有二心的会畏惧刑罚。这一仗，秦国可以成就霸业了。不然的话，当初帮他回国登位，又不让他安于其位；后来废了他的君位，又不让他复位，以致原来施的恩德，反变成了仇恨，秦国总不会出此下策吧！"

秦穆公说："你讲到我的心坎上了。"于是就让晋惠公改住宾馆，赠送七牢，以诸侯之礼相待。

僖公二十二年

 抑扬顿挫读《春秋》

二十有二年春①，公伐邾，取须句②。夏，宋公、卫侯、许男、滕子伐郑。秋八月丁未③，及邾人战于升陉④。冬十有一月己巳朔，宋公及楚人战于泓⑤，宋师败绩。

 字斟句酌查注释

①二十有二年：鲁僖公二十二年，即周襄王十五年，公元前638年。

②须句：古国名，在今山东省东平县东南。

③丁未：初八日。

④升陉：鲁国地名，今不详。

⑤泓：河水名，在今河南省柘城县北。

 古文今解看译文

鲁僖公二十二年春，鲁僖公攻打邾国，攻占了须句。夏，宋襄公、卫文公、许僖公和滕子联合进攻郑国。秋八月初八，鲁国和邾国交战于升陉。冬十一月初一，宋襄公和楚国交战于泓水，宋国大败。

·子鱼论战·

知人论世聊背景

齐桓公去世后，齐国陷入立君的混乱之中。宋襄公率领诸侯起兵讨齐，助齐孝公继位。此时，宋襄公有了称霸之心。鲁僖公十九年，宋襄公起兵伐郑，却被前来救援的楚国击败，宋襄公也受了伤，这就是泓水之战。本次战斗中，宋襄公"不伤害已受伤的敌人，不俘虏头发花白的老人"的迂腐主张成为天下的笑柄，其图谋霸业以失败告终，自己不久也丢了性命。

《左传》故事解《春秋》

楚国攻打宋国来援救郑国。宋襄公准备迎战，大司马公子固劝阻说，"上天遗弃商人已经很久了（宋为殷商后裔），您要振兴它，这是违背天意，上天是不能赦免的。"襄公没有听取劝说。

冬十一月初一，宋襄公和楚军在泓水交战。宋军已经排成战斗的行列，楚国人还没完全渡过泓水。子鱼说："对方人多，我方人少，趁着他们没有全部渡过河，赶紧下令进攻。"宋襄公说："不行。"楚军全部渡河，但尚未排好阵势，子鱼再次报告宋襄公。宋襄公说："还是不行。"楚军摆好阵势后，宋襄公才下令攻击楚军，结果宋军大败，宋襄公大腿受伤，卫士全部被杀。

宋国人都责怪宋襄公。宋襄公说："君子不会再伤害已经受伤的人，不会俘虏头发斑白的老人。古代用兵的道理，是不凭借险隘阻击敌人。我虽然是已经亡了国的殷商的后代，但也不会攻击没有排成阵势的敌人。"子鱼说："您还不懂得怎么打仗。面对强大的敌人，敌人因地势险阻而未成阵势，这是上天在帮助我们。拦截并攻击他们，怎么不可以？还有什么可害怕的呢？而且现在强大的，都是我们的敌人。即使是老年人，能俘虏的也要抓回来，还管什么头发斑白？教导士兵作战，使他们知道退缩就是耻辱来鼓舞战斗的勇气，教战士掌握战斗的方法，就是为了杀死敌人。敌人受伤却还没有死，为什么不能再杀伤他们？如果您舍不得伤害他们，不如一开始就不杀伤他们；怜惜头发斑白的敌人，不如直接向对方投降。军队凭借有利的时机而行动，锣鼓用来鼓舞士兵的勇气。利用有利的时机，当敌人遇到险阻，我们可以进攻。声势充沛盛大，增强士兵的战斗意志，攻击未成列的敌人，这是可以的啊！"

僖公二十三年

二十有三年春①，齐侯伐宋，围缗②。夏五月庚寅③，宋公兹父卒④。秋，楚人伐陈。冬十有一月，杞子卒⑤。

字斟句酌查注释

①二十有三年：鲁僖公二十三年，即周襄王十六年，公元前637年。

②缗（mín）：古国名，在今山东省金乡县东北。

③庚寅：二十五日。

④宋公兹父：宋襄公。

⑤杞子：杞成公。

古文今解看译文

鲁僖公二十三年春，齐孝公攻打宋国，包围了缗。夏五月二十五日，宋襄公去世。秋，楚国进攻陈国。冬十一月，杞成公去世。

·晋公子重耳出亡·

知人论世聊背景

鲁僖公四年，晋国发生了骊姬之乱。晋献公听信宠妃骊姬的谗言，逼迫太子申生自缢而亡，申生之弟重耳也被迫出逃。公子重耳在外流亡十九年，历尽艰辛，受尽磨难，最终在秦穆公的帮助下回到晋国，并夺取政权，史称晋文公。

《左传》故事解《春秋》

晋公子重耳在骊姬之乱的时候，晋献公的军队在蒲城攻打他。蒲城人想要迎战，重耳不肯，说："仰仗着国君父亲的恩赐而享有奉养自己的俸禄，因此才得到百姓的拥护。有百姓的拥护就要和父亲对抗，没有比这再大的罪过了。我还是逃亡吧！"于是，他就逃亡到狄国，狐偃、赵衰、颠颉、魏武子、司空季子等人跟随着他出逃。狄人攻打廧咎如部落，俘虏了他的两个女儿叔隗、季隗，把她们送给公子重耳。重耳娶了季隗，生了伯儵、叔刘。把叔隗嫁给赵衰，生了赵盾。重耳要到齐国去，对季隗说："等我二十五年，如果我没回来，你再改嫁。"季隗回答说："我已经二十五岁了，再过二十五年改嫁，我就要进棺材了。请允许我等您归来吧！"重耳在狄地一共住了十二年，然后离开。

重耳经过卫国，卫文公没有按照礼节来待他。经过五鹿时，重耳他们向乡下人要些饭食。乡下人给了他一块泥土。重耳发怒，就要鞭打这个人。子犯说："这是上天赐给我们的啊！"重耳叩头接受，把土块装上车子。

重耳到达齐国，齐桓公将宗室女儿嫁给他，又送给他八十匹马。重耳安于齐国的生活不想走了。跟随逃难的人认为这样不行，他们准备让重耳离开齐国，在桑树下商量计策。一个养蚕采桑的女奴正好在树上听到，便把这件事告诉了姜氏。姜氏杀了她，告诉重耳说："您有远大的志向，听到这个消息的人，我已经把她杀了。"公子说："没有这回事。"姜氏说："请您走吧！留恋妻子和贪图安逸实在会有损前途。"重耳不肯。姜氏和子犯商量，灌醉了重耳，把他送走。公子酒醒，气得拿起长戈追打子犯。

重耳到达曹国，曹共公听说他的肋骨比较密，似乎并成了一整块，想看个真相。曹共公就趁着重耳洗澡，躲在帘子外观看。曹国大夫僖负羁的妻子对僖负羁说："我看晋公子的随从人员，都是足以辅助国家的人才。如果用他们做辅助，晋公子必定能返回晋国做国君。回到晋国，晋国肯定会在诸侯中称霸。之后就会而惩罚对他无礼的国家，曹国首当其冲。您为何不早一点向他表示好感呢？"于是，僖负羁就向重耳馈送一盘晚餐，里边藏着璧玉。重耳接受了他送的食物，退回了璧玉。

重耳到达宋国，宋襄公送给他二十匹马。

重耳到达郑国，郑文公也对他不加礼遇。叔詹劝谏说："臣听说上天所要帮助的人，别人是比不上的。晋公子拥有三条吉兆，上天可能要立他为国君，您最好还是以礼相待。父母同姓，子孙不能昌盛。晋公子是姬姓女子生的，依然能活到今天，这是第一件事。他经受了逃亡在外的忧患，而上天使晋国不安定，大概是将要帮助他了，这是第二件事。有三个人足以居于别人之上，却一直跟随着他，这是第三件事。晋国和郑国是同姓诸侯，地位平等，晋国的子弟路过还应当以礼相待，何况是上天要帮助的人呢？"郑文公没有听叔詹的劝谏。

重耳到达楚国，楚成王设宴招待他，说："公子如果回到晋国，打算用什么来报答我？"重耳回答说："男女奴隶、玉帛，君王已经有了。鸟羽、皮毛、象牙、犀革都是君王土地上所生长的。那些晋国有的东西，

已经是贵国流散到晋国的剩余罢了。我能用什么来报答君王呢？"楚成王说："就算这样，那您究竟用什么报答我？"重耳回答说："如果托君王的福，能够回到晋国，一旦晋、楚两国交战，在战场相遇，那我就把军队后撤九十里。如果还得不到君王的谅解而退兵，那就左手执鞭、执弓，右边拿着箭袋、弓套，跟君王较量一下了。"令尹子玉请求楚王杀掉重耳。楚成王说："晋公子志向远大而生活俭约，文辞华美而合乎礼仪。他的随从严肃而宽大，忠诚而为主人尽力。现在的晋国国君没有亲近的人，国内外均不得人心。我听说唐叔后代，将会是姬姓中最后衰亡的，这恐怕是要由晋公子来重新振兴吧！上天将要振兴他，谁能够废掉他？违背上天，必然有大灾。"于是，楚王就把重耳送到了秦国。

秦穆公送给重耳五名女子，怀嬴也在内。怀嬴捧着盛水的器皿伺候重耳洗手，重耳洗完不用手巾擦手，而挥挥手把手上的水甩干。怀嬴很生气，说："秦、晋两国地位平等，您为什么轻视我？"重耳畏惧，脱去上衣，把自己绑起来向怀嬴谢罪。有一天，秦穆公宴请重耳，子犯说："我不如赵衰那样有文采，请让赵衰跟您赴宴。"重耳在宴会上赋《河水》这首诗以表达对秦穆公的尊敬，秦穆公赋《六月》这首诗表示回谢。赵衰忙说："重耳快拜谢恩赐！"公子退到阶下，跪拜，叩头，秦穆公走下一级台阶辞谢。赵衰说："君王用辅佐天子的诗来命令重耳，重耳岂敢不拜？"

僖公二十四年

（春秋）

 抑扬顿挫读《春秋》

二十有四年春①，王正月。夏，狄伐郑。秋七月。冬，天王出居于郑②。晋侯夷吾卒③。

 字斟句酌查注释

①二十有四年：鲁僖公二十四年，即周襄王十七年，公元前636年。

②天王出居于郑：周襄王因为子带之乱逃到郑国。天王，即周襄王。

③夷吾：指晋惠公。实际上死于上一年的九月。

古文今解看译文

鲁僖公二十四年，周历正月。夏，狄人攻打郑国。秋七月。冬，周襄王出逃到郑国。晋惠公去世。

（左传） ── · **寺人披见文公** · ──

知人论世聊背景

晋文公好不容易登上王位，又受到了吕甥、郤芮的威胁，他们想要焚烧晋文公的宫室以杀死晋文公。寺人披前来报信，晋文公因为之前被他斩断了袖子，因此拒绝接见并训斥了他。寺人披向晋文公陈述利害，说服了他，使得晋国又避免了一场动乱。

《左传》故事解《春秋》

　　晋惠公的旧臣吕甥、郤芮害怕受到重耳的迫害，要焚烧晋文公的宫室进而杀死他。寺人披请求觐见晋文公，晋文公令人训斥他，并且拒绝接见，说："蒲城之战，献公命你第二天赶到，你马上就到了。后来我逃到狄国同狄国国君到渭河边打猎，你奉惠公之命前来追杀我。惠公命你三天后赶到，你第二天就到了。就算有君王的命令，可怎么那样快呢？在蒲城，我被你斩断的那只袖口还在呢。你走吧！"披回答说："臣以为您回来当上国君，大概已懂得了为君之道。如果还没有懂，恐怕又要发生灾难。对国君的命令没有二心，这是自古以来的制度。除掉国君所憎

恶的人，自己有多大的力量就尽多大的力量。蒲人或狄人，跟我有什么
关系呢？现在您即位为君，难道就不会再发生蒲、狄那样的事件吗？从
前齐桓公能放下射钩之仇而重用管仲来辅佐自己，您如果改变了齐桓公
那样的做法，哪里还劳烦您下驱逐的命令？这样，要离开的人就会很多
了，岂止我这个受过刑（宫刑）的人呢？"于是，晋文公接见了他。寺
人披把吕、郤二人将要叛乱的事情报告给晋文公。三月，晋文公秘密地
和秦穆公在王城会见。三十日，晋文公的宫殿果然被烧。瑕甥、郤芮找
不到晋文公，于是就到黄河边上去找，秦穆公把他们诱骗过去杀了。晋
文公迎接夫人怀嬴回国，秦穆公赠送给晋国卫士三千人，都是一些得力
的臣仆。

── · 介之推不言禄 · ──

知人论世聊背景

　　介之推跟随晋文公在外流亡。回国后，晋文公犒赏功臣，唯独
遗漏了他。介之推不夸功，不求赏，反而和老母亲隐居绵上深山终
老。本文记叙了介之推在决定归隐时与母亲的对话，体现了介之推
母子不贪求名利福禄的高洁品行。

《左传》故事解《春秋》

　　晋文公赏赐随他一起流亡的人，介之推不去要求禄赏，晋文公禄赏
时也没有考虑到他。

　　介之推说："献公的儿子有九个，现在唯独国君还活着。惠公、怀公
没有亲近者，国内外都抛弃了他们。上天没有灭亡晋国，它一定会有君

主的。主持晋国宗庙祭祀的人，不是国君又能是谁呢？上天实际已经安排好了的，而跟随文公逃亡的人却以为是他们的力量，这不是错误的吗？偷窃别人的钱财，都说是盗窃，更何况贪图上天的功劳，将其作为自己的贡献呢？在下的臣子将罪当作道义，在上的国君对奸诈的人给予赏赐。上下互相欺瞒，我很难和他们相处。"

他的母亲说："你为什么不也去要求赏赐呢？这样死去，又能埋怨谁呢？"

介之推回答说："知道这种行为是罪过而又效仿它，那是罪加一等。况且我说出了埋怨的话，以后便不应接受他的俸禄了。"

他的母亲说："也让国君知道这事吧，你觉得如何？"

介之推回答说："言语，是身体的装饰。我都要把身体隐蔽起来了，还要装饰做什么用？这样是乞求显贵啊。"

他的母亲说："你能够做到这样吗？那么我和你一起隐居。"于是，母子二人隐居到死去。

晋文公没有找到介之推，就把绵上的田作为介之推的祭田，说："用它来记下我的过失，并且表彰善良的人。"

僖公二十八年

 抑扬顿挫读《春秋》

二十有八年春①，晋侯侵曹，晋侯伐卫。公子买戍卫②，不卒戍③，刺之④。楚人救卫⑤。三月丙午⑥，晋侯入曹，执曹伯⑦。畀宋人⑧。夏四月己巳⑨，晋侯、齐师、宋师、秦师及楚人战于城濮⑩，楚师败绩。楚杀其大夫得臣⑪。卫侯出奔楚⑫。五月癸丑⑬，公会晋侯、齐侯、宋公、蔡侯、郑伯、卫子、莒子，盟于践土⑭。陈侯如会。公朝于王所⑮。六月，卫侯郑自楚复归于卫。卫元咺出奔晋⑯。陈侯款卒⑰。秋，杞伯姬来⑱。公子遂如齐。冬，公会晋侯、齐侯、宋公、蔡侯、郑伯、陈子、莒子、邾子、秦人于温⑲。天王狩于河阳⑳。壬申㉑，公朝于王所㉒。晋人执卫侯，归之于京师。卫元咺自晋复归于卫。诸侯遂围许㉓。曹伯襄复归于曹㉔，遂会诸侯围许。

字斟句酌查注释

①二十有八年：鲁僖公二十八年，即周襄王二十一年，公元前632年。

②公子买：鲁国大夫，字子丛。

③不卒戍：驻守期未满就离开。

④刺：杀。

⑤楚人救卫：卫国是楚国的盟国，晋攻卫，于是楚国救援卫国。

⑥丙午：初八日。

⑦ 曹伯：曹共公。

⑧ 畀（bì）宋人：把曹国的祭田给予宋人。畀，给予。

⑨ 己巳：初二日。

⑩ 城濮：卫国地名，在今山东省鄄城县西南临濮集。

⑪ 楚杀其大夫得臣：实际上是子玉自杀。得臣，即子玉。

⑫ 卫侯：卫成公。

⑬ 癸丑：十六日。

⑭ 卫子：卫成公出逃，其弟叔武代替他来参加会盟，因此被称为卫子。践土：郑国地名，在今河南省原阳县西南。

⑮ 公朝于王所：周襄王出席践土之盟，鲁僖公借此朝见周天子。

⑯ 元咺：卫国大夫。其最初的封地在元，因此以元为氏。元，在今河北省元氏县。

⑰ 陈侯款：陈穆公，名款。

⑱ 杞伯姬：鲁庄公的女儿，杞成公的夫人，鲁桓公的母亲。

⑲ 陈子：指刚即位的陈共公。

⑳ 狩：冬天打猎。河阳：古代地名，在今河南省孟州市西。

㉑ 壬申：十月初七日。

㉒ 公朝于王所：鲁僖公再次朝见周天子。

㉓ 诸侯遂围许：许国对楚国亲善，又不参加践土之盟，因此诸侯包围并讨伐许国。

㉔ 曹伯襄：曹共公。

 古文今解看译文

鲁僖公二十八年春，晋文公入侵曹国，讨伐卫国。公子买戍边卫国，没到驻守期限就离开，被杀了。楚国人救援卫国。三月初八，晋文公攻入曹国，抓住曹共公，将曹国的祭田给予宋国。夏四月初二，晋文公联合齐国、宋国、秦国的军队，与楚国在城濮交战，楚军大败。楚国杀了大夫子玉。卫成公逃往楚国。五月十六日，鲁僖公和晋文公、齐昭公、宋成公、蔡庄公、郑文公、卫叔武、莒子相会，在践土结盟。陈穆公前往参加会盟。鲁僖公到周王行宫朝见。六月，卫成公从楚国返回卫国。卫元咺逃往晋国。陈穆公款去世。秋，杞伯姬来到鲁国。公子遂前往齐国。冬，鲁僖公在温地与晋文公、齐昭公、宋成公、蔡庄公、郑文公、陈共公、莒子、邾子、秦人会见。周天子在河阳冬猎。十月初七，鲁僖公再度到周王行宫朝见。晋国人抓了卫成公，送到京师由周天子处置。卫国的元咺从晋国返回卫国。诸侯国围攻许国。曹共公回到曹国，还没回来就参加了诸侯国对许国的围攻。

·城濮之战·

知人论世聊背景

　　城濮之战是春秋时期的著名战役之一。鲁僖公二十八年，晋文公率领晋、宋、齐、秦四国联军以救宋为名，与楚、陈、蔡三国联军在城濮交战。此役楚国大败，从此晋国名声大振，确定了霸业。

《左传》故事解《春秋》

　　二十八年春季，晋文公准备攻打曹国，向卫国借路，卫国不答应。晋文公又率军返回，绕道卫之南，渡过黄河，入侵曹国，攻打卫国。正月初九，晋军占取了五鹿。二月，晋国中军统帅郤縠死。先轸率领中军，胥臣辅助下军，把先轸提升，是因为重视他的才德。晋文公和齐昭公在敛盂结盟。卫成公请求加入盟约，晋国人不答应。卫成公想亲附楚国，国内的人不愿意，所以把他赶走了，以此来取悦晋国。卫成公离开国都居住在襄牛。

鲁国公子买在卫国驻守，楚国人救援卫国，没有得胜。鲁僖公害怕晋国，杀了公子买来讨好晋国，还对楚国人说："公子驻守没到期就离开，所以杀了他。"

晋文公发兵包围曹国，攻城门时很多人阵亡。曹军把晋军的尸体陈列在城上，晋文公对此很担心。他听了军中舆人的主意，声称"在曹国人的墓地宿营"，然后将军队转移到曹人的墓地。曹国人恐惧，把他们得到的晋军的尸体装进棺材运了出来，晋军由于曹军恐惧而攻城。三月初八，晋军攻入曹国都城。晋国人责备曹国不任用僖负羁，做官坐车的反倒有三百人，并且说："当年偷看晋文公洗澡，现在罪有应得。"晋文公下令不许晋军进入僖负羁的家里，同时赦免他的族人，这是为了报答当初的恩惠。魏犫、颠颉两个人都是当年跟随公子重耳一起流亡的人，他们发怒道："不替有功劳或者苦劳的人着想，还报答个什么恩惠？"放火烧了僖负羁的家。魏犫胸部受伤，晋文公想杀了他，但又爱惜他的才能，因此派人送东西去慰劳他，同时观察他的病情。如果伤势很重，就准备杀了他。魏犫捆紧胸膛出来见使者，说："托国君的威灵，我现在很健康！"说着就向前跳了很多次，又屈膝向上跳很多次。晋文公于是放过了他，而后杀死颠颉，并在军中示众，立大夫舟之侨作为车右。

宋国派门尹般到晋军中报告危急情况。晋文公说："宋国来报告危急情况，不去救他，就断绝了两国的交往；请求楚国撤兵，楚国肯定不答应。我们想作战，齐国和秦国又不同意。怎么办？"先轸说："让宋国不要求助于我国而去给齐国、秦国赠送财礼，请他们两国去说服楚国退兵，以解除宋国被围的困境。我们逮住曹国国君，把曹国、卫国的田地分给宋国。楚国和曹国、卫国亲善，一定不答应齐国和秦国的请求。齐国和秦国对宋国的财礼很喜欢，而对楚国的固执很生气，这样还能不打仗吗？"晋文公听了很高兴，就拘捕了曹共公，把曹国和卫国的田地分给了宋国人。

楚成王在申城驻兵，下令让申叔离开榖地，要子玉离开宋国，说：
"不要去追击晋国军队。晋文公流亡在外十九年了，而结果得到了晋国，
当上了国君。所有的艰难险阻，他都经历过了；民情真假，他都知道了。
上天给予他年寿，同时为他除去了祸害。上天所设置的，难道可以废除
吗？《军志》说'适可而止'，又说'知难而退'，又说'有德的人是不
能与之为敌的'，这三条，都适用于晋国。"子玉派遣伯棼向成王请战，
说："不敢说一定有功劳，愿意借此堵塞奸邪小人的口。"楚成王不高兴，
就给了他少量的军队，只有右军西广、东宫太子属下和若敖氏的亲兵
六百人跟着前去。

　　子玉于是派宛春到晋军中报告说："请恢复卫侯的君位，同时把土地
退还给曹国，我也解除对宋国的包围。"子犯说："子玉无礼啊！给我们
国君的只是解除对宋国的包围一项，而他作为臣子，却得到复卫、封曹
两样好处。这次打仗的机会不可失掉了。"先轸说："君王可以答应他的
请求。安定别人叫作礼，楚国人一句话安定三国，而我们一句话送掉了
三个国家。这样是我们无礼，这样还拿什么来作战呢？不答应楚国的请
求，就是抛弃宋国；救援了又抛弃他们，怎么和诸侯列国交代？楚国一
句话给三个国家带来恩惠，我们一句话使三个国家都有怨仇，怨仇已经
太多了，准备拿什么作战？不如私下里答应恢复曹国和卫国来离间他们，
抓捕宛春来激怒楚国，其余的等打完仗再说吧！"晋文公听了，很是赞
成。于是把宛春囚禁在卫国，同时私下里允诺恢复曹、卫。曹、卫两国
于是宣布与楚国断绝关系。

　　子玉非常气恼，便追击晋军。晋军向后撤退。军吏说："以国君之尊
却要躲避臣下，这是耻辱！而且楚军已经疲劳不堪，我们为什么要退走
呢？"子犯说："出兵作战，有理者气壮，无理者气衰，哪里在于时间的
长短呢？如果没有楚国的恩惠，就没有今天的我们。后退九十里躲避他
们，就是作为报答。背弃恩惠而说话不算数，反而还要用这个来庇护他

们的敌人，那么就是我们理亏而楚国有理了。加上他们的士气一向旺盛，不能认为是衰疲。我们退走之后，如果楚军也撤回去，那我们还要求什么？如果他们不撤兵，那么，国君退走，而臣下还要进犯，这就是他们理亏了。"晋军退走九十里。楚国将士要求就此停下来，但子玉不同意。

夏季，四月初一，晋文公、宋成公、齐国大夫国归父和崔夭以及秦国的小子慭一同在城濮驻军。楚军背靠着险要的地方扎营，晋文公很是担心，怕楚国依仗险处进攻。他听到士兵念诵道："休耕田里的绿草繁茂，丢开旧草而对新的加以犁锄。"晋文公很疑惑。子犯说："出战吧！战而得胜，一定会得到诸侯的拥戴；如果不胜，我国外有大河，内有高山，一定没有什么害处。"晋文公说："对楚国的恩惠怎么办？"栾枝说："汉水以北的姬姓诸国都被楚国吞并完了。何必想着小恩惠，而忘记大耻大辱？不如交战。"晋文公做了一个梦，梦中和楚王搏斗，楚王伏在自己身上咀嚼自己的脑浆，所以感到害怕。子犯说："这是吉兆。我们在下面脸朝天，是我们得天助；他们在上面脸朝地，这是认罪，我们将要使楚国柔服。"

子玉派遣斗勃向晋国挑战，说："我军愿意与晋军游戏一番，请贵君靠在车前横板上观看，得臣可以陪同君王一起观看。"晋文公派遣栾枝回答说："我们国君听到您的命令了。楚君的恩惠，我们是不敢忘记的，所以才后撤到这里。我们对大夫您尚且要忍让，难道还敢抵挡您的国君吗？既然大夫不肯退兵，那就烦大夫对贵部将士们说：'准备好你们的战车，忠于你们的国事，明天早晨将再见面。'"晋国战车七百辆，各种装备齐全。晋文公登上有莘的废城观看军容，说："年少的在前，年长的在后，排列有序，合于礼，可以使用了。"于是命令砍伐山上的树木，以补充兵器。

初二这一天，晋军在莘北摆开阵势，下军副帅胥臣让下军分别抵挡陈、蔡军队。子玉用若敖的亲兵作为中军，说："今天一定灭掉晋国！"

子西率领左军，子上率领右军。胥臣把马蒙上老虎皮，先攻陈、蔡两军。陈、蔡两军奔逃，楚军的右翼部队溃散。狐毛派出前军两队击退楚军的溃兵。栾枝让晋军用车子拖着树枝弄得尘土飞扬，装作逃走的样子，楚军追击，先轸、郤溱率领中军的亲兵从中间拦腰袭击。狐毛、狐偃率领上军夹攻子西，楚国的左翼部队溃散。楚军大败。子玉收兵不动，所以没有兵败。

晋军进驻楚人的军营休整三天，吃了楚军留下的粮食，到初六才起程回国。二十七日，晋军到达衡雍，晋文公为天子在践土建造了一座王宫。

五月十日，晋文公把楚国的俘虏献给周天子：驷马披甲的战车一百辆，步兵一千人。郑文公担任相礼，用的是周平王时的礼仪。十二日，周襄王设享宴，用甜酒招待晋文公，并允许他向自己敬酒。周襄王命令尹氏、王子虎和内史叔兴父以书面任命晋文公为诸侯的领袖，赐给他祭

祀用的大辂和服饰、举行兵礼时用的戎辂和服饰，红色的弓一张、红色的箭一百支，黑色的弓十把和箭一千支，黑黍加香草酿造的酒一卣，勇士三百人，说："天子对叔父说：'恭敬地服从天子的命令，以安抚四方诸侯，惩治邪恶的坏人。'"晋文公辞谢三次，然后接受命令，说："重耳谨再拜叩头，接受和宣扬天子的重大赏赐和命令。"于是接受了策书就离开了王宫。晋文公前后一共朝见了周天子三次。

卫成公听说楚军失败，十分害怕，从襄牛逃往楚国，又逃到陈国，派遣元咺奉事叔武去接受诸侯的盟约。五月二十六日，王子虎和诸侯在周天子的庭院里盟誓，约定说："大家要辅助王室，不能互相伤害！谁要违背盟约，就要受到神的惩罚，使他军队颠覆，不能享有国家，而且会殃及子孙，不论老小。"君子认为这次结盟是守信用的，认为晋国在这次战役中能够用道德的力量来讨伐楚国。

当初，楚国的子玉自己制作了镶玉的马冠、马鞯，还没有使用过。作战之前，梦见黄河河神对他说："把这些东西送给我吧！我赐给你孟诸的水草之地。"子玉不肯送。他儿子大心和族人子西派荣黄劝谏，子玉不听。荣黄说："如果死而有利于国家，尚且还要去做，何况是美玉，有什么舍不得呢？和国家比起来这些不过是粪土罢了。如果可以使军队打胜仗，还有什么可舍不得的？"子玉仍然不肯。荣黄出来告诉两个人说："不是神明让令尹失败，而是令尹不以百姓的事情为重，实在是自取失败啊。"子玉失败之后，楚成王派使臣对子玉说："申、息两地的子弟大多伤亡了，大夫如果回来，怎么向申、息两地的父老交代呢？"子西、大心对使臣说："子玉本来要自杀的，我们两个阻拦他说：'不要自杀，等着楚王来制裁你吧！'"到达连毂，楚王的赦令还没有下来，子玉就自杀了。

晋文公听说子玉自杀的消息以后，喜形于色，说："再也没有人能危害我了。蒍吕臣接任楚国的令尹，但是他只是一心一意地保住自己不犯过失，并不会为百姓着想了。"

僖公三十年

 **抑扬顿挫读《春秋》**

三十年春①，王正月。夏，狄侵齐。秋，卫杀其大夫元咺及公子瑕。卫侯郑归于卫②。晋人、秦人围郑。介人侵萧③。冬，天王使宰周公来聘④。公子遂如京师，遂如晋。

 字斟句酌查注释

①三十年：鲁僖公三十年，即周襄王二十三年，公元前630年。

②卫侯郑：卫成公，名郑。

③介：国名，鲁国南部的东夷小国，故城在山东省胶州市。萧：宋国地名，在今安徽省萧县西北。

④周公：指周公阅。

 古文今解看译文

鲁僖公三十年，周历正月。夏，狄人入侵齐国。秋，卫国杀了大夫元咺和公子瑕。卫成公回到国内。晋国人、秦国人围困郑国。介国人入侵萧国。冬，周天子派周公阅来鲁国聘问。公子遂到京师去，接着到晋国去。

·烛之武退秦师·

知人论世聊背景

公元前632年，晋国和楚国大战于城濮，结果楚国大败，晋国借此完成霸业。在城濮之战中，郑国曾协助楚国一起攻打晋国，而且晋文公年轻时流亡到郑国，曾受到冷遇，所以晋文公于两年后联合秦国讨伐郑国。郑伯闻讯后，派烛之武面见秦穆公。烛之武透彻分析灭亡郑国的利害，指出灭亡郑国只会于晋国有利而不利于秦国，秦穆公听后主动退兵。烛之武凭借自己的机智和才辩，使郑国避免了一场灾难。

《左传》故事解《春秋》

九月初十，晋文公和秦穆公联合围攻郑国，理由是郑国当年对晋文公无礼，并且对晋国有二心，暗地依附楚国。晋军驻扎在函陵，秦军驻扎在氾南。

佚之狐对郑文公说："国家很危险了。如果派烛之武去见秦穆公，秦、晋两国就会退兵。"郑文公听从了他的建议，请烛之武出山。可是烛之武却推辞说："臣壮年的时候，尚且不如别人；现在老了，更做不成什么了。"郑文公说："我没有能及早重用您，如今形势危急才来求您，这是我的过错。然而郑国灭亡了，对您也有不利的地方啊！"于是，烛之武答应了。

当天夜里，郑人用绳子将烛之武从城上吊下去。烛之武觐见秦穆公说："秦国和晋国前来围攻郑国，郑国已经知道要灭亡了。如果郑国灭亡对您有好处，那就烦劳你们把郑国灭掉吧。隔着其他国家而想把远方的土地作为自己的领土，您知道这是难以办到的，何必要灭掉郑国而增加您的邻邦晋国的土地呢？邻邦的国力雄厚了，您的国力就相对削弱了。假如放弃灭郑的打算而让郑国作为您东方路上的主人，贵国的使者经过郑国，郑国可以供给他们所缺乏的东西，对您也没有什么害处。况且，您曾有恩于晋惠公，他答应过把焦、瑕二地给您作为报答。然而，他早上渡河回到了晋国，晚上就在那里修起了城墙，这您是知道的。晋国哪有满足的时候？等它在东边把疆土扩大到了郑国，就会扩张西边的疆土。如果不侵损秦国，又如何能取得土地？秦国受损而晋国受益，请您仔细斟酌吧。"秦穆公听了很高兴，就与郑国订立了盟约，并派杞子、逢孙、杨孙驻守郑国，自己率领大军回国去了。

子犯请求晋文公下令攻击秦军，晋文公说："不行。假如没有那个人（秦穆公）的支持，我到不了今天。借助了别人的力量而去伤害对方，这是不仁义；失掉自己的同盟国，这是不明智；以冲突、混乱代替原来的和睦一致，这是不威武。我们还是回去吧！"于是，晋军也撤离了郑国。

僖公三十二年

春秋

抑扬顿挫读《春秋》

三十有二年春①，王正月。夏四月己丑②，郑伯捷卒③。卫人侵狄。秋，卫人及狄盟。冬十有二月己卯④，晋侯重耳卒。

字斟句酌查注释

①三十有二年：鲁僖公三十二年，即周襄王二十五年，公元前628年。

②己丑：十五日。

③郑伯捷：指郑文公。

④己卯：初九日。

古文今解看译文

鲁僖公三十二年春，周历正月。夏四月十五日，郑文公去世。卫国入侵狄国。秋，卫国人和狄国人结盟。冬十二月初九，晋文公重耳去世。

·蹇叔哭师·

左传

公元前 628 年，一代霸主晋文公去世。秦穆公见晋文公已死，便想乘机称霸中原，于是派兵攻打郑国。大臣蹇叔极力反对，理由是秦国与郑国相隔千里，即使军队能到达郑国，也一定会疲惫不堪。但秦穆公不听劝阻，结果中途遭到晋军伏击，几乎全军覆没。此文写的是蹇叔在秦军出师前的劝谏辞令，以及无力阻止后"哭师"的情形。

《左传》故事解《春秋》

秦国大夫杞子从郑国派人告诉秦穆公说："郑国人让我掌管他们国都北门的钥匙，如果偷偷派兵前来，郑国唾手可得。"秦穆公为此访问老臣蹇叔。蹇叔说："让军队长途跋涉去袭击远方的国家，我没有听说过这样的事。军队辛劳，精疲力竭，远方国家的君主又有所防备，这样做恐怕不行吧？我们军队的举动，郑国必定会知道，使军队辛苦奔波而无所得，军队一定会产生叛逆的念头。再说行军千里，谁会不知道？"秦穆公拒绝接受他的意见，召见了孟明视、西乞术和白乙丙，让他们从东门外出兵伐郑。蹇叔哭着送他们说："孟明视啊，我能看到大军出发却看不见他们回来啊！"秦穆公派人对蹇叔说："你知道什么？如果你只活到六七十岁就死了的话，现在你坟上的树该长到两手合抱那么粗了！"

蹇叔的儿子在军队里，蹇叔哭着送儿子说："晋国人必定在崤山伏击你们。崤山有两座山头：南面的山头是夏后皋的坟墓，北面的山头是周文王避风雨的地方。你们一定会战死在这两座山头之间，我就在那里收你的尸骨吧！"秦国军队接着就向东进发了。

僖公三十三年

抑扬顿挫读《春秋》

三十有三年春①，王二月，秦人入滑②。齐侯
使国归父来聘。夏四月辛巳③，晋人及姜戎败秦师
于崤④。癸巳⑤，葬晋文公。狄侵齐。公伐邾，取
訾娄⑥。秋，公子遂帅师伐邾。晋人败狄于箕⑦。
冬十月，公如齐⑧。十有二月，公至自齐。乙巳⑨，
公薨于小寝⑩。陨霜不杀草⑪。李、梅实⑫。晋人、
陈人、郑人伐许。

字斟句酌查注释

①三十有三年：鲁僖公三十三年，即周襄王二十六
年，公元前627年。

②滑：国名，故城在今河南省偃师市。

③辛巳：十三日。

④姜戎：姜姓的戎人，居住在晋国南部边境。

⑤癸巳：二十五日。

⑥訾娄：邾国地名，在今山东省邹城市。

⑦箕：地名，在今山西省蒲县东北。

⑧公如齐：鲁僖公到齐国，对之前的国归父来聘进
行回报，对齐国受狄人入侵表示慰问。

⑨乙巳：十一日。

⑩小寝：君王休息就寝的地方，也叫燕寝。

⑪不杀草：草木不枯黄。此时为周历十二月，实为
夏历十月，已到霜降时节，但草木还没有枯黄。

⑫李、梅实：李子和梅子结果。这和草木不枯黄一
样，都在说明时令反常。

 古文今解看译文

　　鲁僖公三十三年春，周历二月，秦国入侵滑国。齐昭公派国归父来鲁国聘问。夏四月十三日，晋国和姜戎联合在崤山打败了秦国。二十五日，安葬晋文公。狄国入侵齐国。鲁僖公攻打邾国，占领訾娄。秋，公子遂率兵攻打邾国。晋国人在箕地战胜狄人。冬十月，鲁僖公前往齐国。十二月，鲁僖公从齐国回国。十一日，鲁僖公死于燕寝。已经霜降，但草木不枯黄，李子和梅子都结了果。晋国人、陈国人、郑国人联合讨伐许国。

·秦晋崤之战·

知人论世聊背景

　　蹇叔哭师，也无法阻挡秦穆公的一意孤行。结果，秦军遭到晋国伏击，损失惨重，孟明视等人也被俘。后来，秦穆公想办法将孟明视等人救出，亲自迎接他们回国，大哭不已。

《左传》故事解《春秋》

　　鲁僖公三十三年春天，秦军经过周朝都城的北门，车左车右都把头盔摘了，下车步行；又有三百辆战车的将士，刚下车又突然跳上车去。周共王的曾孙满年纪尚小，看见这一幕，对周襄王说："秦国军队轻狂放肆又无礼，必定会打败仗。轻狂则缺乏谋略，无礼就会粗心大意，进入险要的地方，又没有谋略，能不打败仗吗？"

　　秦军进入滑国，郑国商人弦高正要到周国都城经商，恰好在此地遇

到秦国军队。弦高拿出四张熟牛皮和十二头牛来犒赏秦军，他说："我们国君听说贵军经过这里，特派我来慰劳您的部下。我们虽然不富裕，但为了贵军的停留，如果驻扎在这里一天，我们就准备一天的给养；如果离开，我们就准备一晚上的守卫。"弦高同时立刻派人向郑国报告这一情况。

郑穆公派人去探视秦国将领杞子等人驻扎的馆舍，发现秦军已经捆好行装，磨好了兵器，喂饱了战马。郑穆公派皇武子去辞谢他们，说："贵军在敝国耽搁得太久了，只是敝国的干肉、粮食、牲口，所有吃的、用的都没有了。现在你们要回去了，郑国的猎场，同秦国的猎场都是一样的；请诸位自己猎取些麋鹿，供路上食用，以此让敝国得到休息，怎么样？"于是，杞子跑到了齐国，逢孙、扬孙跑到了宋国。孟明视说："郑国有了防备，不能对它有所图了，攻打他们也不能取胜，围困他们也得不到后援，我们还是回国吧！"秦军不敢攻打郑国，顺道灭了滑国，然后回师。

晋国先轸说："秦穆公违背了蹇叔的忠告，因为贪婪之心而使百姓劳苦，这是天在帮助我们。机会不能失去，敌人不能随便放走。放走敌人必出祸患，违背了天意是不吉利的。所以一定要讨伐秦国。"栾枝说："还没有报答秦国的恩惠就去讨伐他们，心中还有死去的国君吗？"先轸说："秦国不为我们的丧事而哀伤，反而进攻我们的同姓之国，秦国实在无礼，还讲什么恩惠？我听说'一天放走敌人，会带来几辈子祸患'，我们要为子孙后代筹谋，怎能说是忘记先君的遗命呢？"于是下达讨伐秦国的命令，并且马上发动姜戎部落参战。晋文公之子晋襄公身着黑色丧服出征，梁弘为他驾驭战车，莱驹作车右。

初夏四月十三日，晋国在崤山击败秦国，俘虏了秦国将军孟明视、西乞术、白乙丙三人。于是，晋国人穿上黑色孝服安葬晋文公。晋国从此开始以黑色丧服为俗。

晋文公夫人文嬴请求将孟明视等三人释放，她对晋襄公说："他们三人实在是挑拨离间晋国和秦国两国国君的关系，秦国国君如果抓住他们三个，就算吃了他们的肉也不会解恨，何必您亲自去惩罚他们呢？让他们回到秦国去受罚，以满足秦国国君的意愿，如何？"晋襄公同意了。先轸入朝参见晋襄公，问起秦国的囚犯，晋襄公说："夫人替他们求情，我已经给他们放掉了。"先轸大怒，说："勇士们花了大力气才在战场上抓获他们，因为一个女人仓促之间的几句话就把他们给放掉了。这是损毁自己的战果而助长敌人的士气，这样下去，距离亡国的日子不远了。"说完对着晋襄公吐了口唾沫，头也不回地走了。

晋襄公派阳处父追赶孟明视三人，追到黄河边上，孟明视等人早已登上船离岸了。阳处父解下左边的骖马，以晋襄公的名义打算送给孟明视，孟明视叩头拜谢说："承蒙君王的恩惠，没有处死我们，而是让我们回秦国受刑。秦君如果杀了我们，死也是不朽的。如果托贵君的福没有杀我们，三年之后我们再来拜谢贵君的恩典。"

秦穆公身着白色丧服在郊外等待孟明视他们，并哭着对回来的将士说："我违背了蹇叔的忠告，而让你们遭受屈辱，这是我的罪过。"秦穆公没有撤孟明视的职，并说："是我的罪过，你们有何罪过？再说我也不能因为一次过失来掩盖你们的大德啊！"

第六篇

文公

　　鲁文公，名兴，是鲁僖公的儿子，母亲为声姜。他于公元前 626 年即位，在位十八年。鲁文公在位期间，晋国的霸业依然延续，诸侯之间没有太大的争斗，而各国内部的势力格局已经发生了变化，如鲁国公族衰微，以仲孙、叔孙、季孙为代表的桓公之族逐渐兴起。

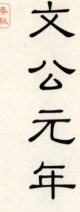

文公元年

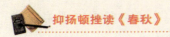

元年春①，王正月，公即位。二月癸亥②，日有食之。天王使叔服来会葬③。夏四月丁巳④，葬我君僖公。天王使毛伯来锡公命⑤。晋侯伐卫。叔孙得臣如京师⑥。卫人伐晋。秋，公孙敖会晋侯于戚⑦。冬十月丁未⑧，楚世子商臣弑其君頵⑨。公孙敖如齐。

字斟句酌查注释

①元年：鲁文公元年，即周襄王二十七年，公元前626年。

②癸亥：实际为三月初一。

③叔服：周朝的内史。

④丁巳：二十六日。

⑤毛伯：周朝大夫。锡公命：天子赏赐给诸侯爵服等赏命。这对诸侯来说是一种荣幸。锡，通"赐"，赏赐。

⑥叔孙得臣：鲁桓公公子叔牙之孙。

⑦公孙敖：庆父之子。戚：卫国地名，在今河南省濮阳市北。

⑧丁未：十八日。

⑨商臣：楚穆王。頵（yūn）：楚成王。

古文今解看译文

鲁文公元年春，周历正月，鲁文公即位。三月

初一日，出现日食。周天子派叔服出席鲁僖公的葬礼。夏四月二十六日，下葬国君鲁僖公。周天子派毛伯来鲁国赠予鲁文公策命荣宠。晋襄公进攻卫国。叔孙得臣前往京师。卫国人反攻晋国。秋，公孙敖在戚地会见晋襄公。冬十月十八日，楚国太子商臣弑楚成王。

楚太子商臣弑其君

知人论世聊背景

楚成王在立太子的决定上反复无常，又不听左右的劝告，一意孤行，最后被太子商臣所杀。商臣的老师潘崇设下圈套，使得楚成王中计，为商臣弑父赢得了主动。

《左传》故事解《春秋》

当初，楚成王打算立商臣为太子，征求令尹子上的意见。子上说："君王的年纪还不算大，又有众多的宠妃，要是立了商臣之后再加以废黜，就会招致祸乱。楚国立太子，常常选择立年少的。而且商臣这个人，眼睛像胡蜂，声音像豺狼，是个残忍的人，不能立他为太子。"楚成王没有听取子上的意见。立了商臣以后，楚成王又想立王子职而废黜商臣。商臣听到消息但还没有核实清楚，他问老师潘崇说："怎么样能核实清楚？"潘崇说："你设宴招待江芈（楚成王的妹妹）而故意表示不尊敬。"商臣照做了。江芈发怒说："呸！贱东西！难怪君王要杀掉你而立王子职。"商臣告诉潘崇说："确有此事。"潘崇说："你能事奉公子职吗？"商臣说："不能。"潘崇说："你能逃亡出国吗？"商臣说："不能。"潘崇说："你能够干大事吗？"商臣说："能。"

　　冬十月，商臣率领宫中的警卫军包围楚成王，逼他自杀。楚成王请求吃了熊掌以后再赴死，商臣不答应。十八日，楚成王上吊而死。给他的谥号为"灵"，其尸体不闭眼睛；改谥为"成"，他才闭上眼睛。

　　商臣即位，这就是楚穆王。他将做太子时的房屋、财物、奴仆赠予潘崇，让潘崇做太师，而且担任掌管宫中警卫军的长官。

文公六年

 抑扬顿挫读《春秋》

六年春①，葬许僖公。夏，季孙行父如陈②。秋，季孙行父如晋。八月乙亥③，晋侯骥卒④。冬十月，公子遂如晋。葬晋襄公。晋杀其大夫阳处父。晋狐射姑出奔狄⑤。闰月不告月⑥，犹朝于庙。

 字斟句酌查注释

① 六年：鲁文公六年，即周襄王三十二年，公元前621年。

② 季孙行父：季友的孙子季文子。

③ 乙亥：十四日。

④ 晋侯骥：晋襄公，名骥。

⑤ 狐射（yè）姑：狐偃之子。

⑥ 告月：告朔。诸侯在每月初一用一只羊告祭于太庙。

 古文今解看译文

鲁文公六年春，安葬许僖公。夏，季孙行父前往陈国。秋，季孙行父前往晋国。八月十四日，晋襄公去世。冬十月，公子遂到晋国去。安葬晋襄公。晋国杀了大夫阳处父。晋国的狐射姑逃到狄国。闰月不举行告朔的祭礼，但仍然朝祭宗庙。

· 晋杀其大夫阳处父 ·

知人论世聊背景

晋襄公去世后，晋国国内在确定继位者的问题上出现了斗争。主持晋国国政的大夫赵盾威望颇高，他亲自调和斗争，确保晋国恢复安定。

《左传》故事解《春秋》

八月十四日，晋襄公去世。当时还是太子的晋灵公年幼。晋国人为了避免发生祸难，要立一位年长的国君。赵盾说："立公子雍为君。他乐于行善而且年长，先君文公很喜欢他，而且跟秦国亲近。秦国，是我们原来的友邦。能安排好人选国家就稳固，立年长的人就名正言顺，立先君所爱就合于孝道，结交昔日的友邦就安定。因为祸难的缘故，所以要立年长的国君。有了这四项德行的人，祸难就必定可以缓和了。"狐射姑说："不如立公子乐。公子乐的母亲辰嬴受到怀公和文公两位国君的宠爱，立她的儿子，百姓必然安定。"赵盾说："辰嬴地位低贱，在文公的妃妾中排名第九，她的儿子有什么威严呢？而且为两位国君所宠幸，这是淫荡。作为先君的儿子，公子乐不能求得大国而出居小国，这是鄙陋。母亲淫荡，儿子鄙陋，就没有威严；陈国小而且远，有事不能救援，怎么能安定呢？当时公子雍的母亲杜祁由于襄公为偪姞所生的缘故，把自己的地位让位给偪姞；又为了结交狄人，让位给文公的姬姜、狄人的女儿季隗而自己居于她的下位，所以位次第四。文公因此喜欢她的儿子雍，让他在秦国做官，做到亚卿。秦国大而且近，有事足以救援；母亲具有道义，儿子受到喜欢，足以在百姓中树立威信。立公子雍为君，不也可以吗？"于是，赵盾派先蔑、士会到秦国迎接公子雍。狐射姑也派人到陈国召回公子乐。赵盾派人在晋国的郫地杀了公子乐。

狐射姑怨恨阳处父把他从中军主帅降为副帅，又知道他在晋国没有人援助。九月，狐射姑派续鞫居杀死阳处父。《春秋》记载说"晋杀其大夫"，这是由于阳处父随便地把君王任命的将领撤换了的缘故。

冬季十月，襄仲到晋国参加晋襄公的葬礼。

十一月，晋国杀了续鞫居。狐射姑逃亡到狄，赵盾派臾骈把狐射姑的妻子儿女送到他那里去。

在夷地阅兵的时侯，狐射姑曾经侮辱过臾骈。臾骈手下的人因此要杀尽狐射姑一家来报复。臾骈说："不行。我听说《前志》上有这样的话：'有惠于人或有怨于人，和他的后代无关，这合于忠诚之道。'赵盾对狐射姑表示礼貌，我因为受到赵盾的宠信而报自己的私怨，恐怕不可以吧！因为别人的宠信而去报复，这不是勇敢。消减怨气而增加仇恨，这不是明智。以私害公，这不是忠诚。舍弃了这三条，用什么去事奉赵盾呢？"于是，臾骈把狐射姑的妻儿以及他们的器用财货准备齐全，亲自率人送到了边境上。

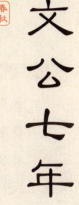

文公七年

抑扬顿挫读《春秋》

　　七年春①，公伐邾。三月甲戌②，取须句③。遂城郚④。夏四月，宋公王臣卒⑤。宋人杀其大夫。戊子⑥，晋人及秦人战于令狐⑦。晋先蔑奔秦。狄侵我西鄙。秋八月，公会诸侯、晋大夫盟于扈⑧。冬，徐伐莒。公孙敖如莒莅盟。

字斟句酌查注释

　　①七年：鲁文公七年，即周襄王三十三年，公元前620年。

　　②甲戌：十七日。

　　③须句：古国名，故城在今山东省东平县东南。

　　④郚（wú）：鲁国地名，在今山东省泗水县东南。

　　⑤宋公王臣：指宋成公，名王臣。

　　⑥戊子：初一日。

　　⑦令狐：古代地名，在今山西省临猗县西。

　　⑧晋大夫：指赵盾。扈：郑国地名，在今河南省原阳县西。

古文今解看译文

　　鲁文公七年春天，鲁文公攻打邾国。三月十七日，夺取须句。于是在郚地筑城。夏四月，宋成公去世。宋国人杀了他们的大夫。四月初一，晋国人和秦国人在令狐作战。晋国的先蔑逃到秦国。狄人入侵鲁国西部边境。秋八月，鲁文公和诸侯、晋国大夫在扈地会盟。冬，徐国攻打莒国。公孙敖到莒国参加盟会。

左传

· 秦晋令狐之战 ·

晋襄公死后，赵盾建议迎立晋襄公的庶弟公子雍。后因晋襄公夫人穆嬴的一再请求，赵盾等人改变初衷，拥立夷皋为君，即晋灵公。秦康公不知晋已另立新君，派兵护送公子雍返晋，结果双方爆发了战争。此后，晋灵公即位，晋国开始衰败。

《左传》故事解《春秋》

秦康公送公子雍到晋国，说："晋文公回国的时候没有护卫，所以有吕饴甥、郤芮发动的祸难。"于是就给公子雍安排了很多步兵卫士。

晋襄公夫人穆嬴每天抱着太子在朝廷上啼哭，说："先君有什么罪？他的儿子又有什么罪？丢开嫡子不立，反而到外边去求得国君，你们准备怎样安置这个孩子？"出了朝廷，就抱着孩子到赵盾家去，向赵盾叩头，说："先君捧着这个孩子嘱托您，说：'这个孩子如果成才，我就是感谢您的恩德；如果不成才，我就只能埋怨您了。'现在国君虽已去世，但他说的话仿佛还在耳旁，现在您却把这个孩子放弃不管，怎么办？"赵盾和大夫们都很忌惮穆嬴，而且害怕威逼，就背弃了先蔑去秦国接的公子雍而立穆嬴的儿子为君，并且准备发兵抵御秦国军队。

让箕郑留守国都，赵盾率领中军，先克为副统帅；荀林父辅助上军；已经先行回国的先蔑率领下军，先都辅助他。步招为赵盾驾驭战车，戎津作为车右。晋国军队到达堇阴。赵盾说："我们如果接受秦国送公子雍回来，他们就是客人；不接受，那么秦军就是我们的敌人。现在我们已经不接受了，却又迟迟不肯出兵，秦国就会强制我们接纳公子雍。争取主动而有夺取敌人的决心，这是作战的好谋略。驱逐敌人好像追赶逃亡者，这是作战的好战术。"于是就训练士兵，磨砺武器，把马喂饱，让将士吃饱，隐蔽行动，夜里出兵。四月初一，在令狐打败护送公子雍的秦军，一直追到刳首。

四月初二，先蔑逃亡到秦国，士会跟从着他。

先蔑出使秦国的时候，荀林父劝阻他，说："晋襄公的夫人和太子还在，反而到外边去求国君，这一定是行不通的。您以生病作借口，行吗？如果不这样，祸患将会惹到您身上。派一个代理卿前去就可以了，为什么一定要您去？在一起做官就是同僚，我曾经和您是同级的官吏，岂敢不尽我的心意呢？"先蔑不听他的。荀林父为他赋《板》这首诗的第三章，先蔑又没有听。等到先蔑逃亡出国，荀林父把他的妻子儿女和财货全部送到秦国，说："这是因为我们是同僚的缘故。"

士会在秦国三年，没有和先蔑见面。随行的人说："能和别人一起逃亡到这个国家，而不能在这里见面，那有什么用处？"士会说："我和他罪过相同，并不是认为他有道义才跟他来的，见面干什么？"一直到两人都回到晋国，也没有见过面。

文公十七年

春秋

 抑扬顿挫读《春秋》

十有七年春①，晋人、卫人、陈人、郑人伐宋。夏四月癸亥②，葬我小君声姜③。齐侯伐我西鄙。六月癸未④，公及齐侯盟于谷⑤。诸侯会于扈⑥。秋，公至自谷⑦。冬，公子遂如齐⑧。

 字斟句酌查注释

① 十有七年：鲁文公十七年，即周匡王三年，公元前610年。

② 癸亥：初四日。

③ 小君：诸侯之妻。声姜于上一年去世。

④ 癸未：二十五日。

⑤ 谷：齐国地名，在今山东省平阴县东阿镇。

⑥ 扈：郑国地名，在今河南省原阳县西。

⑦ 公至自谷：鲁文公和齐国结盟后归国。

⑧ 公子遂如齐：公子遂到齐国拜谢在谷地的结盟。

 古文今解看译文

鲁文公十七年春，晋国、卫国、陈国、郑国联合攻打宋国。夏四月初四，安葬鲁僖公之妻声姜。齐懿公攻打鲁国西部边境。六月二十五日，鲁文公和齐懿公在谷地会盟。诸侯在扈地会盟。秋，鲁文公与齐国结盟后归国。冬，公子遂到齐国拜谢在谷地的结盟。

·郑子家告赵宣子·

左传

　　郑国是夹在晋、楚两个对立大国之间的小国，处于夹缝中生存的艰难境地，外交关系很难处理。晋灵公当政后，晋国依然保持着霸主地位，蔑视和欺辱郑国。因此，郑子家就写了一篇辞令，义正词严地说，如果晋国这样对待郑国，郑国定会以决裂相逼来反抗晋国。最终，晋国被迫让步，与郑国订立了和约。

《左传》故事解《春秋》

　　晋灵公在黄父举行大型军事训练，借机召集诸侯在郑国的扈地会合，目的是要平息宋国的内乱。

　　当时，晋灵公不想见郑穆公，认为郑国既服从晋国又投靠楚国，有了二心。郑国大夫子家就派一位官员到晋国送了一封信，信是写给赵盾的。信中说："我国国君即位的第三年，就邀请蔡庄公一起服从贵国国君了。九月，蔡庄公来到我国准备同我国国君一起出访晋国，但因为我国发生了侯宣多特宠专权的事件，我国国君因此不能与蔡庄公一同前去。十一月，平定了侯宣多之乱后，我国国君就在蔡庄公之后去朝见服事于贵国国君。我国国君即位的第十二年六月，我陪同太子夷，为了向楚国请求他们与陈灵公讲和，特地去朝见了贵国国君。十四年七月，我国国君又以完成了陈国的事情而朝见贵国国君。十五年五月，陈灵公从敝国去朝见贵国国君。去年正月，烛之武陪同太子夷去朝见贵国国君。八月，我国国君又去朝见贵国国君。像陈、蔡，与楚国如此亲密相近，却不敢投靠楚国，那是因为有我们的存在。我们如此事奉贵国君主，为何还不

能免除于你们的责罚呢？我国国君在位期间，曾朝见过晋襄公一次，朝见过现任君主两次。太子夷与我国国君的一些臣僚一个接一个地去到绛都。虽然我们郑国是小国，但这样做也没有哪个国家能超过我们了吧。现在晋国作为大国却说：'你们还做得不称我们的心意。'我国要像这么被要求就只有灭亡了，再不能增加什么了。古人有言说：'头也害怕，尾也害怕，身子还能剩余多少呢？'又说：'鹿将要死的时候是顾不上发出好听的声音的。'小国服侍大国，大国以仁德对待它，它就是人；不用仁德对待它，它就是一只鹿，着急了就会疾速走入险境，紧急情况下，也就顾不上什么危险不危险了。既然大国无准则地下命令，我们也知道要灭亡了，就只能把我国的全部军资集中起来，在僮地等待了，任凭你们命令我们吧。我们文公即位的第二年六月二十日，到齐国朝见。四年二月壬戌日，因为齐国侵伐蔡国，我们也只得与楚国谈和。处在大国之间，都要求我们服从强者的命令，难道成了我们的罪过？你们大国如果不考虑这些，那我们就没有办法逃出你们的讨伐从而保全性命了。"

赵盾看到信后，派巩朔到郑国和谈，赵穿、公婿池也被送到郑国做人质。

宣公

第七篇

　　鲁宣公名俀，是鲁文公的儿子，母亲为敬嬴。公元前609年，鲁文公去世，鲁庄公之子襄仲（即公子遂）杀了鲁文公嫡子恶而立庶子俀，是为鲁宣公。鲁宣公于公元前608年即位，在位十八年，公元前591年去世。鲁宣公在位期间，楚国兴起，楚庄王的势力达到顶峰。

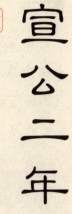

宣公二年

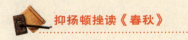

抑扬顿挫读《春秋》

二年春①，王二月，壬子②，宋华元帅师及郑公子归生帅师③，战于大棘④。宋师败绩，获宋华元。秦师伐晋。夏，晋人、宋人、卫人、陈人侵郑⑤。秋九月乙丑⑥，晋赵盾弑其君夷皋⑦。冬十月乙亥⑧，天王崩⑨。

字斟句酌查注释

①二年：鲁宣公二年，即周匡王六年，公元前607年。

②壬子：二月没有壬子日，所以实际上就是二月中的一天。

③公子归生：郑国同姓公族，字子家。这时楚国和郑国结盟，归生听从楚国的安排而伐宋。

④大棘：宋国地名，在今河南省睢县南。

⑤晋人、宋人、卫人、陈人侵郑：因为之前大棘之役郑国在楚国的授意下开战并击败宋国，所以晋国为报复楚国，召集各路诸侯进攻郑国。

⑥乙丑：二十六日。

⑦夷皋：晋灵公的名。

⑧乙亥：初六日。

⑨天王：指周匡王。周匡王去世，其弟瑜即位，是为周定王。

 古文今解看译文

　　鲁宣公二年春，周历二月，壬子日，宋国派华元与郑国公子归生在大棘交战。宋国失利，华元被俘虏。秦军攻打晋国。夏，晋国、宋国、卫国、陈国联合侵犯郑国。秋九月二十六日，晋国赵盾弑杀他的国君晋灵公夷皋。冬十月初六，周匡王去世。

郑败宋师获华元

知人论世聊背景

　　鲁宣公二年（公元前607年），郑国接受楚国的命令，进攻宋国，这就是大棘之战。华元是宋国右师，于此役作为将领出征而被擒。宋国以兵车百乘、文马百驷将华元赎回。战斗中宋国将领狂狡救了敌人反被擒、羊斟以私废公、华元被筑城人嘲笑等场面都描写得非常有趣。

《左传》故事解《春秋》

　　鲁宣公二年春季，郑国公子归生接受楚国的命令攻打宋国。宋国华元、乐吕率军抵御。二月的一天，双方在大棘开战，宋军大败。郑国擒获并囚禁了华元，杀死了乐吕，缴获战车四百六十辆，俘虏宋军二百五十人，割下一百个被杀宋军的左耳，用来献功。

　　战斗中，宋大夫狂狡迎战郑军时，见一名郑国士兵掉入井里。狂狡把戟柄放下井将这名郑国士兵救了，但这个郑兵出井以后反而俘虏了狂狡。君子说："丢掉礼而违背命令，当然要被擒获。凡用兵之道，应该发扬果敢刚毅的精神，并服从命令，听从指挥，这叫作作战的礼。杀死敌人就是果敢，使士兵做到果敢就是刚毅。如果违背这些，就要自取灭亡。"

战斗开始前，宋国的华元杀羊犒赏士卒，他的车夫羊斟没能吃到。等到打起仗来，羊斟说："前天的羊，是你做主；今天打仗驾车，是我做主。"说完驱车进入郑军，所以宋军惨败。君子认为："羊斟不像个人，由于私怨使国家战败，让百姓受害。还有什么罪过比这更大呢？《诗经》上讲的'存心不良的人'，指的就是羊斟这种人吧！他不惜残害百姓以满足自己的快意。"

宋国用兵车一百辆、毛色漂亮的马四百匹，向郑国赎取华元。仅送去一半，华元就逃回来了。华元站在城门外，向守城士兵讲明情况后才

进了城。他见到羊斟说："上次我被俘，是因为你的马不受驾驭才会这样吧？"羊斟回答说："不是因为马，而是因为人。"回答完就逃到了鲁国来。

宋国开始修筑城池，华元作为监工，巡视工程。筑城的人唱歌说："鼓着大眼珠，挺着大肚子，丢盔弃甲往回走。连鬓胡，长满腮，丢盔卸甲逃回来。"华元让他的骖乘对他们说："有牛就有皮，犀牛、兕牛还很多，丢了皮甲又有什么了不起？"做工的人说："即使有牛皮，又去哪里找红漆？"华元说："走吧！他们人多嘴多，我们人少嘴少。"

·晋灵公不君·

知人论世聊背景

晋灵公是春秋时期有名的大昏君。他奢侈挥霍，草菅人命，又文过饰非，冷落敢于劝谏的赵盾等人。这样的君王，最后的结局只能是被刺杀。

《左传》故事解《春秋》

晋灵公做事不合乎为君之道：加重税收用来彩画墙壁；从高台上用弹丸打人，为了看他们躲避弹丸的样子；有一次，厨子烧煮熊掌没有做熟，晋灵公就把他杀死，将尸体放在畚箕里，让宫女抬着走过朝廷。赵盾和士会看到死人的手，问起杀人的缘故，为此感到担心，准备进谏。士会对赵盾说："你的劝谏如果国君听不进去，就再没有人能继续劝谏了。请允许我先去，国君不听的话，你再接着劝谏。"士会上前三次，到达屋檐下，晋灵公才转眼看他，说："我知道错了，打算改正。"

士会叩头回答说："谁没有过错，有了过错能够改正，就没有比这再好的事情了。《诗经》说：'事情不难于有个好开始，却很少能有个好结果。'正因为这样，能够弥补过错的人就很少了。君王能够有好结果，那就是国家的保障了，岂止是臣下有了依靠。《诗经》又说：'周宣王有了过失，只有仲山甫能弥补。'这说的是能够弥补错误的事。君王能够弥补错误，就不会荒废国君的职事了。"

晋灵公尽管口头上说要改过，行动上却还是不改正。赵盾屡次进谏，晋灵公对此很厌恶，就派遣鉏麑去刺杀他。一大清早，赵盾的卧室门就已经打开了，他穿得整整齐齐，准备入朝。时间还早，赵盾正坐着打瞌睡。鉏麑退出来，叹息着说："不忘记对国君的恭敬，真是百姓的主人。刺杀百姓的主人，就是不忠；丢弃国君的使命，就是不信。不忠和不信，我总会占一样，不如死了好。"于是一头撞在槐树上死去了。

秋九月，晋灵公请赵盾喝酒，预先埋伏下甲士准备攻杀赵盾。赵盾的车右提弥明发觉了，快步登上殿堂，说："臣子陪侍国君饮酒，超过三杯就是违背礼节。"说完便扶着赵盾下了殿堂。晋灵公急忙唤出猛犬，提弥明徒手与猛犬搏斗，并打死了它。赵盾说："废弃忠良之人而用猛犬，犬虽猛又有何用！"一路且斗且退，提弥明为掩护赵盾而被杀。

当初，赵盾在首阳山打猎，住在翳桑，看见一个叫灵辄的人饿倒在地上，便问他怎么了。灵辄说："已经三天没吃东西了。"赵盾给了他食物，他留下一半。赵盾问他为什么这样做，他说："出来当贵族的仆奴已经三年了，不知道母亲还在不在，现在快到家了，请允许我把这个留给老母吃吧。"赵盾让他吃完，又准备了一筐饭和一些肉，装在袋子里，交给了他。后来，灵辄做了晋灵公的卫兵，在这次事件中，他倒过戟来抵御晋灵公的其他卫兵，使赵盾免于祸难。赵盾问他为什

么这样做，他回答说："我就是翳桑那个饿倒的人。"赵盾问他的姓名和住处，他没有回答便退了出去，自己逃亡了。

九月二十六日，赵穿在桃园杀死了晋灵公。赵盾奔逃，此时他还没有走出晋国，就又返回了朝廷。太史董狐记载说："赵盾弑其君。"并将史书展示在朝廷上给大家看。赵盾说："事实不是这样的。"董狐回答说："您是正卿，逃亡而没有走出国境，回来也不讨伐逆贼，弑君的人不是您还是谁？"赵盾说："哎呀！《诗经》说：'因为我的怀恋，给自己带来了忧戚。'恐怕说的就是我了。"

孔子说："董狐，是古代的好史官，据事直书而不加隐讳。赵盾，是古代的好大夫，因为法度而蒙受恶名。太可惜了。要是走出了国境，就可以避免背上弑君的罪名了。"

赵盾派遣赵穿到成周迎接公子黑臀而立他为国君。十月初三，公子黑臀到武官庙朝祭。

宣公三年

抑扬顿挫读《春秋》

三年春①，王正月，郊牛之口伤②，改卜牛③。牛死，乃不郊。犹三望④。葬匡王。楚子伐陆浑之戎⑤。夏，楚人侵郑。秋，赤狄侵齐⑥。宋师围曹。冬十月丙戌⑦，郑伯兰卒⑧。葬郑穆公。

字斟句酌查注释

①三年：鲁宣公三年，即周定王元年，公元前606年。

②郊牛之口伤：郊祭前要通过占卜来选择牛，如果吉利就养起来作为祭品。现在被选中的这头牛嘴受了伤。郊，郊祭，夏历正月祈谷的祭祀典礼。

③改卜牛：选择其他牛再卜筮。

④望：望祭，对山川进行祭祀。

⑤楚子：指楚庄王，名侣。陆浑之戎：允姓戎人，他们原来居住在陆浑，今甘肃省敦煌市西，僖公二十二年迁移到伊川，今河南省嵩县一带。

⑥赤狄：狄的分支之一，主要分布于今山西省长治市一带。

⑦丙戌：二十三日。

⑧郑伯兰：郑穆公。

古文今解看译文

鲁宣公三年春，周历正月，郊祭前占卜选择的牛嘴受了伤，再占卜选择其他牛。改卜的牛又死了，于是就不举行郊祭了。但仍然举行三次望祭。安葬周匡

117

王。楚庄王讨伐陆浑的戎人。夏，楚国入侵郑国。秋，赤狄人入侵齐国。宋国军队围困了曹国。冬十月二十三日，郑穆公去世。安葬郑穆公。

·王孙满对楚子·

知人论世聊背景

　　春秋诸侯中，楚国国君自称为王，不服从周王室的管辖。鲁宣公三年，楚国相继吞并一些小国后，竟然在周朝边境布下军队，向周天子示威。楚庄王问九鼎的重量，暴露了其要取代周而称霸天下的野心。王孙满向楚庄王讲明了鼎的来历和象征意义，挫败了楚庄王狂妄的野心。

《左传》故事解《春秋》

　　楚庄王发兵讨伐陆浑的戎人，到达雒水，在周朝的都城郊区陈兵示威。周定王派遣王孙满慰劳楚庄王。楚庄王问起九鼎的大小与轻重。王孙满回答说："鼎的大小轻重在于德而不在于鼎本身。从前夏朝施行德政的时候，远方各地将各类物产画成图像进献上来，九州的长官进献铜器，铸造成鼎，并且把图像铸在鼎上，所有物像都呈现在上面了，让百姓知道什么是神物，什么是恶物。所以百姓进入川泽山林，就不会碰上不利于自己的东西，螭魅魍魉这些鬼怪都不会遇上，因而能够使上下协调，以接受上天的福佑。夏桀昏乱，鼎被迁移到商朝，商朝享国六百年。商纣王暴虐，鼎又被迁到周朝。德行如果美善光明，鼎虽然小，也是重的。如果奸邪昏乱，鼎再大，也是轻的。上天赐福给明德的人，是有一定期限的。成王把九鼎安定在郏鄏的时候，占卜的结果是传世三十代，享国七百年，这是上天的旨意。周朝的德行虽然衰微，但上天的旨意并没有改变。鼎的轻重，是不能询问的啊。"

宣公十二年

春秋

抑扬顿挫读《春秋》

十有二年春①，葬陈灵公。楚子围郑。夏六月乙卯②，晋荀林父帅师及楚子战于邲③，晋师败绩。秋七月。冬十有二月戊寅④，楚子灭萧⑤。晋人、宋人、卫人、曹人同盟于清丘⑥。宋师伐陈。卫人救陈。

字斟句酌查注释

① 十有二年：鲁宣公十二年，即周定王十年，公元前597年。

② 乙卯：这一年六月无乙卯日，所以是六月的某一天。

③ 邲（bì）：郑国地名，在今河南省郑州市西北，荥阳市东北。

④ 戊寅：初八日。

⑤ 萧：诸侯国名。本为宋邑，后为附庸国，故城在今安徽省萧县西北。

⑥ 清丘：古代地名，在今河南省濮阳市东南。

古文今解看译文

鲁宣公十二年春，安葬陈灵公。楚庄王围攻郑国。夏六月某日，晋国荀林父率军和楚庄王在邲地展开大战，晋军失利。秋七月。冬十二月初八，楚庄王消灭萧国。晋人、宋人、卫人、曹人在清丘结盟。宋军攻打陈国。卫国救援陈国。

◆ 邲之战 ◆

左传

　　鲁宣公十二年，晋国和楚国之间再次发生大规模战争，这就是邲之战。起因是郑国归附晋国，引起楚国不满，于是楚国攻入郑国国都。郑国求助于晋国，晋国救援，因此引发了大战。此役，晋国主帅荀林父没做好充分准备，控制不住局面，使晋军产生内部不和、浮躁等问题，而楚军方面则团结严谨，军阵整齐。最终的结局自然是晋军惨败，楚国获胜，楚庄王由此成就霸业。

《左传》故事解《春秋》

　　鲁宣公十二年春天，楚庄王发兵包围郑国。十七天后，郑国人就与楚求和之事进行了占卜，结果不吉利。又以在太庙号哭和出兵车于街巷去占卜，结果吉利。城里的人在太庙大哭，守城的将士在城上大哭。楚庄王下令退兵，郑国人乘机修筑城墙。楚国不久又向前推进，再次包围郑国，历经三个月，攻克了郑国。楚军从皇门进入，一直打到京城的大路上。郑襄公脱去衣服，牵着羊迎接楚庄王，说："我不能承奉天意，不能事奉君王，使君王带着怒气来到敝邑，这是我的罪过，我怎么敢不听从君王的命令呢？即使是要把我俘虏到江南，发配到海边，我也会听君王吩咐；即使是要灭亡郑国，把郑地赐给诸侯，让郑国人做奴隶，我们也听君王的吩咐。如果君王施予恩惠，顾念我们从前的友好，向周厉王、宣王、郑桓公、郑武公求福，而不灭绝我国，让我国改正错误，重新事奉君王，等同于楚国的各县，这是君王的恩惠，也是我的心愿，但又不是我的所敢于指望的了。我大胆地向君王袒露我的心声，请君王考虑。"

楚王的左右随从说："不能答应他的请求，既然已经取得了一个国家，就不应该再赦免的。"楚庄王说："他的国君能够屈居于他人之下，必然能够取信于百姓，百姓也定能为其所用。这样的国家应该还是有希望的吧？"于是下令全军退兵三十里，允许郑国讲和。楚国派潘尪入郑国结盟，郑国派子良到楚国作为人质。

夏六月，晋国派兵去救郑国。荀林父率领中军，先縠为辅佐；士会率领上军，郤克作为辅佐；赵朔率领下军，栾书作为辅佐。赵括、赵婴齐担任中军大夫，巩朔、韩穿担任上军大夫，荀首、赵同担任下军大夫。韩厥担任司马。

晋军到达黄河，听到郑国已经和楚国讲和，荀林父想要撤军回去，说："救郑国既然已经来不及了，士兵又非常劳苦，再进军还有什么用呢？等楚军回去以后再兴兵伐郑，也不算晚。"士会说："好。会听说用兵之道，在于抓住战机而后行动，国家凡是德行、刑罚、政令、事务、典则、礼仪合乎常道的，都是不可抵挡的，不能进攻这样的国家。楚国讨伐郑国，讨厌郑国有二心，又可怜郑国的谦卑，郑国背叛就讨伐他们，郑国顺服就赦免他们，德行、刑罚都完成了。讨伐背叛，这是刑罚；安抚顺服，这是德行。这二者楚国都树立起来了。

"往年伐陈国，如今伐郑国，百姓并不感到疲劳，国君没有受到怨恨，说明楚国的政令合于常道。楚军摆成荆尸之阵而后发兵，井井有条，商贩、农民、工匠、店主都不废时失业，步兵、甲士关系和睦，说明楚国的事务是互不抵触的。

"蒍敖做令尹，选择适用于楚国的好法典，军队出动时，右军跟随主将的车辕，左军打草做歇息的准备，前军以旌旌开路以防意外，中军斟酌谋划，后军以精兵压阵。各级军官根据象征自己的旌旗的指示而采取行动，军事政务不必等待命令而完备，这说明楚国善于运用典则。

"他们国君选拔人才，在同姓中选择亲近的支系，在异姓中选择世代旧臣的后裔，提拔不遗漏有德行的人，赏赐不遗漏有功劳的人。对老人有优待，对行旅之人有赐予。君子和小人各有规定明确的服饰。对于尊贵者有一定的礼节示以尊重，对于低贱者有一定的等级示以威严。这说明楚国的礼仪没有不顺的。德行树立，刑罚施行，政事成就，事务合时，典则执行，礼节顺当，我们怎么能与之为敌？

　　"看到可能就前进，遇到困难就后退，这是治军的好办法。兼并衰弱，进攻昏暗，这是用兵的好规则。您姑且先整顿军队，筹划武备吧！诸侯中还有弱小而昏暗的国家，为什么一定要进攻楚军？仲虺说：'占取动乱之国，欺侮可以灭亡之国。'说的就是兼并衰弱。《诗经·周颂·汋》说：'天子的军队多么神气，率领他们把昏昧的国家占取。'说的就是进攻昏昧之国。《诗经·周颂·武》说：'武王的功业无比伟大强盛。'说明安抚衰弱，进攻昏暗，以致力于功业所在，这就可以了。"

　　先縠说："不行。晋国所以能称霸诸侯，是由于军队勇敢，臣下尽力。现在失去了诸侯，不能说是尽力；有了敌人，却不敢与之周旋，不能说是勇敢。因为我们而丢掉霸主的地位，不如去死。而且晋国整顿军队不出动，听到敌人强大就退却，这不是大丈夫所为。任命为军队的统帅，而做出了不是大丈夫应做的事，这只有你们才能办到，我是不会这样做的。"说完，就带领中军副帅所辖军队渡过黄河。

　　荀首说："先縠的这支军队危险了！《周易》上有这样的卦象，从《师》卦变成《临》卦，爻辞说：'出兵须用法令治理，法令不严明，结果必凶。'顺应这一道理，就是'臧'，反其道就是'否'。人心离散力量就会削弱，就像江河堵塞会成为沼泽一样。行军有法度，指挥三军如同指挥自己一样，这叫作律。执行不顺当，法制治理就穷尽而无用。从充满到穷尽，阻塞而且不整齐，就是凶险的征兆了。水不能流动叫作'临'，有统帅而不服从，还有比'临'更严重的吗？说的就是先縠的这种行为了。如果带兵和敌人相遇，一定失败，他将会是罪魁，即使免于战死而回国，也一定有大的灾祸。"韩厥对荀林父说："先縠率领部分军队失陷，您的罪过大了。您作为最高统帅，而军队不听命令，这是谁的罪过？失去属国，丢掉军队，构成的罪过已经太重了，不如干脆进军。作战如果不能得胜，失败的罪过可以共分担，与其让一个人承担罪责，不如让六个人共同承担，不还好一点吗？"于是，晋军全部渡过了黄河。

楚庄王率军北上，军队驻扎在郔地。沈尹率领中军，子重率领左军，子反率领右军，准备在势力抵达黄河以后就返回楚国。听到晋国军队已经渡过黄河，楚庄王想要撤军，其宠臣伍参想交战。令尹孙叔敖不想打，说："往年征伐陈国，今年征讨郑国，不是没有战争之事。打起来以后不能得胜，伍参的肉难道够全国人吃吗？"伍参说："如果作战得胜，孙叔敖就是没有谋略的人了。如果不能得胜，伍参的肉将会在晋军那里，国人哪里还能吃得上呢？"令尹回车向南，倒转旌旗。伍参对楚庄王说："晋国执政的是个新人，不能行使命令。他的副手先縠刚愎不仁，不肯听从命令。他们的三军统帅想要自主行事却不能办到，想要听从命令却没有上级，大军听从谁的命令？这一次，晋军必然失败。而且国君逃避臣子，这对国家社稷之神该如何交代？"楚庄王对"君避臣"很是忌惮，告诉令尹把战车改而向北，楚军驻扎在管地等待晋军。

晋国军队驻扎在敖、鄗两山之间。郑国派卿大夫皇戌出使到晋军中，皇戌说："郑国跟从楚国，是为了保存国家，对晋国并没有二心。楚军屡次得胜而骄傲，士兵疲劳，还不设防。您攻击他们，郑军愿意作为后援力量，楚军必败。"先縠说："打败楚军，降服郑国，就在此一举了，一定要答应郑国的请求。"栾书说："楚国自从战胜庸国以来，其国君没有一天不在治理楚民，教导他们注意：人的生计不容易，祸患不知

哪天就会到来，戒备警惕不能放松。在军队里，没有一天不用这样的方式来管理军官士兵，告诫军队：胜利不能永远保有；纣王百战百胜，最终亡国绝后。又用若敖、蚡冒乘柴车、穿破衣开辟山林的事迹来教导他们。告诫说：'百姓的生计在于勤劳，勤劳就不会匮乏。'因此不能说楚军骄傲。先大夫子犯说过：'出兵作战，理直就气壮，理亏就气衰。'这次是我们所做的事情不合于道德，又和楚国结怨，我们理屈，楚国理直，这就不能说他们士气衰弱。他们国君的亲兵分为左右二广，每广有一卒三十辆战车，每卒又分左右两偏各十五辆战车。右广鸡鸣时开始驾车巡视，等到中午，左广就接替它，一直到晚上。左右近臣按次序值夜，以防备意外发生，这就不能说楚军没有防备。子良，是郑国的杰出人物；师叔，是楚国地位崇高的人物。师叔进入郑国与郑人结盟，子良作为人质住在楚国，楚国和郑国是亲近的。郑人来劝我们作战，我们战胜，他们就来归服，不胜，他们就去依靠楚国，这是以战斗的胜负做占卜来决定是否归顺于我。郑国的话不能听从。"赵括、赵同说："领兵而来，就是为了寻找敌人。战胜敌人，得到属国，又等待什么？一定要听从先縠的话。"荀首说："赵同、赵括的主意，是一条自取祸乱之道。"赵朔说："栾书说得好啊！按照他的话去做，一定能使晋国长久。"

楚国的少宰到晋军中去，说："我们的国君年轻时就遭遇忧患，不善于辞令。听说当年先君成王和穆王也来往于这条道路上，就是打算教导和安定郑国，哪里敢得罪晋国？您几位不要逗留太久了！"士会回答说："当年周平王命令我们的先君晋文公说：'你和郑国共同辅佐周王室，不要废弃天子的命令。'现在郑国不遵循天子的命令，我国国君派遣下臣们质问郑国，怎么敢劳驾贵国官吏来迎送？我恭敬地拜谢楚王的命令。"先縠认为这是奉承楚国，派遣赵括跟上去更正说："我们使者的说法不恰当。我国国君派臣下把楚国从郑国请出去，说：'不要躲避敌人！'臣下等人无法回避国君的命令。"

　　楚庄王又派使者向晋国求和，晋国人答应了，已约定了结盟的日期。楚国的许伯替乐伯驾驭战车，摄叔作为车右，向晋军单车挑战。许伯说："我听说单车挑战时，御者须疾驰而使旌旗倾斜，高速掠过对方营垒，然后回来。"乐伯说："我听说单车挑战，车左用利箭射敌，代替御者执掌马缰，御者下车，使马匹整齐，整理好马脖子上的皮带，然后回来。"摄叔说："我听说单车挑战时，车右进入敌营，杀死敌人割取左耳，抓住俘虏，然后回来。"这三个人都按照自己所听到的完成了任务，而后回来。晋国人追赶他们，左右两面夹攻。乐伯向左射马，向右射人，使晋军的左右两翼不能前进，箭只剩下一支。突然有一只麋鹿出现在前面，乐伯的箭正中麋鹿背部。晋国的鲍癸追在后面，乐伯让摄叔拿着麋鹿献给他，说："由于今年还不到时令，应当奉献的禽兽没有来，谨把它奉献给您的随从作为膳食。"鲍癸阻止部下，不再追赶，说："他们的车左善于射箭，车右善于辞令，都是君子啊。"因此，许伯三人免于被俘。

　　晋国的魏锜想要做公族大夫，没有得到满足，心生恼怒，因而想使晋军失败。请求单车挑战，未被允许。请求出使楚军，得到允许。于是，他去到楚军中，竟然请求楚军与晋交战，说完后便回了国。楚国的潘党追赶他，到达荥泽，魏锜看到六只麋鹿，就射死了一只，回车献给潘党，说："您有军事在身，打猎的人恐怕不能供给新鲜的野兽吧？谨以此奉献给您的随从人员。"潘党下令不再追赶魏锜。晋国的赵旃请求做卿，没有得到满足，而且对于放走楚国单车挑战的人很生气，就请求挑战，未被允许。请求召请楚国人前来结盟，得到允许。赵旃和魏锜都接受命令而前往楚军。郤克说："这两个心怀不满的人去了，如果我们不加防备，必然会失败。"先縠说："郑国人劝我们作战，不敢听从；楚国人求和，又不能实行友好。带兵没有固定的策略，多加防备做什么？"士会说："还是防备他们的好。如果这两位激怒了楚国，楚国人乘机掩袭，我军的败亡就用不了几天了。不如防备他们，楚国人如果没有恶意，撤除戒备而结盟，哪里会损害友好？如果他们带着恶意而来，有了防备，就不会失败。而且即使是诸侯相见，军队的守备也不能撤除，这就是警惕。"先縠不同意士会的意见。

士会派遣巩朔、韩穿率领七队伏兵埋伏在敖山之前，所以上军没有被击败。赵婴齐派遣他的部下先在黄河准备了船只，所以战败以后就渡过河离开了。

潘党已经赶走了魏锜，赵旃在夜里达到楚军驻地，铺开席子坐在军门的外面，派遣他的部下先进军门。楚庄王的战车一广三十辆，共分为左右两广。右广在早晨鸡叫的时候套车，到了中午才卸车；左广接替右广，太阳落山才卸车。许偃驾驭右广的指挥车，养由基作为车右；彭名驾驭左广的指挥车，屈荡作为车右。六月乙卯日，楚庄王乘坐左广的指挥车，去追赶赵旃。赵旃丢掉车子跑进树林里，屈荡和他搏斗，获得了他的铠甲和下衣。晋国人害怕这两个人激怒楚军，让驻守的兵车前来接他们。潘党远望飞起来的尘土，派战车奔驰报告说："晋军来了。"楚国人也害怕楚庄王陷入晋军中，就出兵迎战。孙叔敖说："前进！宁可我们迫近敌人，也不要让敌人迫近我们。《诗经》说：'大兵车十辆，冲在前面开道。'这是要抢在敌人的前面。《军志》说：'抢在敌人前面，可以夺去敌人的斗志。'说的是要主动迫近敌人。"于是很快进军，战车奔驰，士卒奔跑，围攻晋军。荀林父不知所措，在军中击鼓宣布说："先过黄河的有赏。"中军、下军互相争夺船只，先上船的人用刀砍断后来者攀着船舷的手指，船中砍断的指头多得可以用手捧起来。

晋军向右转移，上军没有动。楚将工尹齐率领右方阵的士兵去追逐晋国的下军。楚庄王派唐狡和蔡鸠居报告唐惠侯说："我无德而贪功，而又遭遇强大的敌人，这是我的罪过。楚国如果不能得胜，这也是您的羞耻，谨借重您的福佑，去帮助楚军成功。"楚庄王派遣潘党率领后备的战车四十辆，跟随唐侯作为左方阵，去追击晋国的上军。驹伯说："我们要抵御楚军吗？"士会说："楚军的士气正旺盛，如果楚军集中兵力对付我们的上军，我们的军队必然被消灭。不如收兵离开，一同分担战败的指责，以保全士兵的生命，这不也是可以的吗？"于是，士会亲自为上军殿后，因此没有被打败。

楚庄王见到右广的战车，准备乘坐。屈荡阻止说："君王乘坐左广开始作战，也一定要乘坐它结束战争。"从此，楚国的乘广改以左广为先。

晋国人有战车陷在坑里不能前进，楚国人教他们抽出车前横板，没走多远，马盘旋不能前进，楚国人又教他们拔掉大旗，扔掉车辕头上的横木，这样才逃了出去。晋军却转过头来说："我们可不像你们大国的人有多次逃跑的经验。"

赵旃用他的两匹好马帮助他的哥哥和叔父逃跑，自己则用其他马驾车回来，碰上敌人不能逃脱，就丢弃车子跑到树林里。晋逢大夫和他两个儿子坐在车上，对他两个儿子说："不要回头看。"儿子回头去望说："赵老头在后边。"逢大夫发怒，让他们下车，指着一棵树说："就在这里收你们的尸首。"逢大夫把车绶交给了赵旃，赵旃登上战车得以逃脱。第二天，逢大夫按照标记前去收尸，在树下找到了两具叠压的尸首。

楚国大夫熊负羁囚禁了知罃（晋国大夫荀首的儿子）。荀首率领他的部属回来战斗，魏锜驾驭战车，下军的士兵大多跟着回来。荀首每次发射，抽箭，如果是利箭，就插在魏锜的箭袋里。魏锜发怒说："不着急救儿子，反而舍不得蒲柳，董泽那里用来造箭的蒲柳难道可以用得完吗？"荀首说："不用他人儿子交换，我的儿子难道可以要回来吗？利箭我是不能随便射出去的。"荀首射中了连尹襄老，得到他的尸首，就用战车装上；射中公子毂臣，就把他囚禁起来。荀首带了这两个人回去。

到黄昏时，楚军驻扎在邲地，晋国剩余的士兵已经溃不成军，夜里渡河，一整夜都是呼喊声。

某日，楚军的辎重到达邲地，军队就驻扎在衡雍。潘党说："君王为什么不建筑起显示武功的堡垒，收集晋国人的尸首建立一个巨大的坟丘？下臣听说战胜了敌人后，一定要将这件事昭告后代子孙，以此让他们不忘记武功。"楚庄王说：这不是你所知道的。说到文字，'止''戈'二字合起来是个'武'字。武王战胜商朝，作《周颂》说：'收起干戈，包藏弓箭。我追求那美德，并将此心公布于华夏，成就王业而保有天下。'又作《武》篇，它的最后一章说：'得以巩固你的功业。'《周颂》的第三章说：'铺陈先王的美德而加以发扬，我前去征讨，只是为了求得安定。'它的第六章说：'安定万邦，常有丰年。'所谓武，是用来禁止暴力、消弭战争、保持强大、巩固功业、安定百姓、调和大众、丰富财物的，所以要让子孙不忘其显赫的功德。现在我让两国士兵暴露尸骨，这是暴；显耀武力以使诸侯畏惧，战争就不能消弭了；强暴而不消弭战争，哪里能够保持强大？晋国还在，如何能够巩固功业？违背百姓愿望的事还很多，百姓如何能够安定？没有德行而勉强和诸侯相争，用什么来调和大众？以别人之危作为自己的利益，趁人之乱作为自己的安定，如何能丰富财物？武功具有七种美德，我对晋国用兵却没占一项美德，用什么来昭示子孙后代？为楚国的列位先君修建宗庙，把成功的事祭告先君罢了。用武不是我追求的功业。古代圣明的君王征伐对上不敬的国家，抓住它的罪魁祸首杀掉埋葬，作为一次大杀戮，这样才有了坟丘，这是为了惩罚邪恶。现在并不能明确指出晋国的罪恶在哪里，士卒都尽忠为执行国君的命令而死，我们怎能去建造巨大的坟丘呢？"楚庄王说完，就在黄河边上祭祀了河神，修建了先君的神庙，报告战争胜利，然后回国。

这次战役，是郑国的石制把楚国军队引进来的，他想要分裂郑国并且立公子鱼臣为国君。七月二十九日，郑国杀了鱼臣和石制。君子说："史佚所谓'不要依仗动乱'，说的就是这一类人。《诗经》说：'人们陷于乱离的痛苦中，这要归罪于谁？'这是归罪于靠动乱来谋私利的人吧！"

郑襄公、许昭公到楚国去。

秋季，晋军回国，荀林父请求处自己以死罪，晋景公打算答应他。士贞子劝谏说："不行，城濮之战时，晋军接连三天吃从楚军缴获粮食，文公仍然面带忧色。左右的人说：'有了喜事而忧愁，如果有了忧事反倒喜悦吗？'文公说：'得臣还在，忧愁还不能算完结。被困的野兽还要争斗一下，何况是一国的宰相呢？'等到楚国杀了得臣，文公才喜形于色，说：'没有谁能害我了。'这是晋国的两次胜利，也是楚国的两次失败，楚国由此连续两代都不能强盛。现在上天或许是要严厉警告晋国，但如果杀了荀林父以增加楚国的胜利，这恐怕会使晋国长久也不能强盛起来。荀林父事奉国君，进，想着竭尽忠诚；退，想着弥补过错。这是捍卫国家的人，怎么能杀他？他的失败，如同日食月食，怎么会损害日月的光明？"晋景公就命令荀林父官复原职。

宣公十四年

 抑扬顿挫读《春秋》

十有四年春①，卫杀其大夫孔达。夏五月壬申②，曹伯寿卒③。晋侯伐郑。秋九月，楚子围宋。葬曹文公。冬，公孙归父会齐侯于谷④。

 字斟句酌查注释

① 十有四年：鲁宣公十四年，即周定王十二年，公元前595年。

② 壬申：十一年。

③ 曹伯寿：曹文公，名寿。

④ 公孙归父：东门氏，字子家，鲁庄公之孙，鲁国上卿。

 古文今解看译文

鲁宣公十四年春，卫国杀了他们的大夫孔达。夏五月十一日，曹文公寿去世。晋景公讨伐郑国。秋九月，楚庄王围攻宋国。安葬曹文公。冬，公孙归父在谷地会见齐顷公。

·楚子围宋·

左传

知人论世聊背景

　　鲁宣公十四年（公元前595年），楚庄王派使者出使齐国、晋国。出使要路过宋国和郑国，要向这两个国家借道，结果楚庄王不向宋、郑两国行借道之礼，这是对这两个国家的挑衅。宋国面对楚国的傲慢完全没有畏惧，直接杀了楚使申舟，以致触怒了楚庄王。后来，楚国出兵将宋国包围。

《左传》故事解《春秋》

　　楚庄王派遣申舟出使齐国，叮嘱他说："不要向宋国请求借道。"他还派公子冯出使晋国，也要求公子冯不要向郑国请求借道。申舟曾经在孟诸之战中得罪了宋国，他对楚庄王说："郑国明理，宋国昏聩，去晋国的使者没有危险，我则必死无疑。"楚庄王说："宋国要是杀死了你，我就攻打他们。"申舟把儿子申犀委托给楚庄王，然后出发了。到达宋国，宋国人将他拦住。华元说："经过我国而不请求借路，这是把我国作为楚国边境的县城，这是视我国为灭亡之国。杀了楚国的使者，楚国必然会讨伐我国，讨伐我国也不过是被灭亡，反正一样是灭亡。"于是杀死了申舟。楚庄王听到申舟被杀的消息，拂袖而起，（光着脚）冲出门去。随从赶上去，追到前院才送上鞋子，追到寝宫门外才送上佩剑，追到蒲胥街市才让他坐上车子。秋季，九月，楚庄王进攻宋国。

宣公十五年

抑扬顿挫读《春秋》

十有五年春①，公孙归父会楚子于宋。夏五月，宋人及楚人平②。六月癸卯③，晋师灭赤狄潞氏④，以潞子婴儿归⑤。秦人伐晋。王札子杀召伯、毛伯⑥。秋，螽。仲孙蔑会齐高固于无娄⑦。初税亩⑧。冬，蝝生⑨。饥。

字斟句酌查注释

①十有五年：鲁宣公十五年，即周定王十三年，公元前594年。

②宋人及楚人平：宋国人和楚国人议和。楚国在上一年九月围困宋国，前后达九个月之久，两国讲和。

③癸卯：十八日。

④潞：赤狄的分支之一，其故城在今山西省长治市潞城区东北。

⑤潞子婴儿：潞国国君，名婴儿。

⑥王札子：王子捷，周王卿士。

⑦无娄：杞国之地，在今山东省诸城市西南。

⑧初税亩：鲁国开始按亩征收税。

⑨蝝（yuán）：一种长有翅膀的大蚁，吃谷子。

古文今解看译文

鲁宣公十五年春，公孙归父在宋国会见楚庄王。夏五月，宋国和楚国谈和。六月十八日，晋国灭了赤狄潞氏，将潞国国君婴儿掳回国。秦国

讨伐晋国。王札子诛杀了召伯、毛伯。秋，螽斯虫成灾。仲孙蔑在无娄会见齐国的高固。鲁国开始按亩征税。冬，蝝虫成灾。发生饥荒。

·宋人及楚人平·

知人论世聊背景

　　楚国出兵宋国后，将宋国包围。宋国求救于晋国，晋国派解扬前去斡旋。后楚国和宋国和解，退兵回国。

《左传》故事解《春秋》

　　宋国人派乐婴齐到晋国报告求援，晋景公想要救宋，大夫伯宗说："不行。古人有话说：'鞭子即使再长，也不能触及马肚子。'上天正在保佑楚国，我们不能和他交战。晋国虽然强盛，可是能够违背上天的旨意吗？俗话说：'做事情要根据实际情况来做出决定。'河流湖泊里容纳污泥浊水，山林草野里暗藏毒虫猛兽，美玉也藏匿着瑕疵。国君也得忍受耻辱，这是上天的常道。君王还是等等吧！"于是，晋景公停止发兵救宋。

　　晋派遣解扬到宋国去，让宋国不要投降楚国，并对宋国说："晋国的军队都已经出发，不久就要到达。"解扬路过郑国时，郑国人把他抓获，并献给楚国。楚庄王给他大量财物，让他向宋国说相反的话。解扬不答应，威逼再三他才同意。楚国人让解扬登上楼车，向宋国人喊话，按照楚国的要求把情况告诉宋人。结果解扬乘机传达晋君的命令。楚庄王准备杀死他，派人对他说："你既已答应了我，现在又反过来，是什么缘故？不是我没有信用，而是你违背承诺。快去接受你的刑罚吧！"解扬

回答说："下臣听说，国君能制定并发布正确的命令就是义，臣下能接受并执行命令就是信，以信贯彻了义然后加以推广就是利。谋划而不失去利，以保卫国家，这才是百姓的主人。贯彻义不能有两种信用，守信不能接受两种命令。君王给下臣大量财物，就是不懂得命令的意义。下臣接受了寡君的命令出使在外，宁可一死也不能废弃命令，难道可以因财物而改变吗？下臣之所以答应您，那是为了借机会完成寡君的使命。死而能完成使命，这是下臣的福气。寡君有守信的下臣，下臣死得其所，我还有什么可求的？"楚庄王于是赦免了解扬，让他回国去了。

夏五月，楚军准备撤离宋国。申犀在楚庄王马前叩头说："毋畏明知会死也不敢废弃君王的命令，可是君王却抛弃了自己的诺言。"楚庄王无言以对。申叔时正为楚庄王驾车，说："造起房子，让种田的人回来，宋国必然听从命令。"楚庄王听从了申叔时的建议。宋国人害怕，派华元在夜里进入楚军营地，登上楚军主帅子反的床，叫他起来，说："寡君派我把困难情况告诉你，说：'敝国城内已经是交换儿子杀了吃，把尸骨拆开来烧着做饭。尽管如此，兵临城下而被迫结盟，我们就是宁可让国家灭亡，也不能从命。你们退兵三十里，宋国将唯命是听。'"子反害怕，就和华元私自订立盟誓然后报告楚庄王。楚军退兵三十里，宋国和楚国讲和，华元作为人质进入楚国。盟誓说："我不骗你，你也不欺我。"

第八篇

成公

　　鲁成公，名黑肱，鲁宣公的儿子，母亲是穆姜。公元前 590 年即位，即位时年纪尚幼。在位十八年，公元前 573 年去世。鲁成公时，实际执政人为季孙行父、仲孙蔑和叔孙侨如。在此期间，诸侯争霸继续，晋国依然稳定霸业，各国内部的纷争不断加剧。

成公二年

春秋

 抑扬顿挫读《春秋》

　　二年春①，齐侯伐我北鄙②。夏四月丙戌③，卫孙良夫帅师及齐师战于新筑④，卫师败绩。六月癸酉⑤，季孙行父、臧孙许、叔孙侨如、公孙婴齐帅师会晋郤克、卫孙良夫、曹公子首及齐侯战于鞌⑥，齐师败绩。秋七月，齐侯使国佐如师。己酉⑦，及国佐盟于袁娄⑧。八月壬午⑨，宋公鲍卒⑩。庚寅⑪，卫侯速卒⑫。取汶阳田。冬，楚师、郑师侵卫。十有一月，公会楚公子婴齐于蜀⑬。丙申⑭，公及楚人、秦人、宋人、陈人、卫人、郑人、齐人、曹人、邾人、薛人、鄫人盟于蜀。

 字斟句酌查注释

　　① 二年：鲁成公二年，即周定王十八年，公元前589年。

　　② 齐侯：指齐顷公。

　　③ 丙戌：二十九日。

　　④ 孙良夫：卫国大夫。新筑：卫国地名，在今河北省魏县南。

　　⑤ 癸酉：十七日。

　　⑥ 叔孙侨如：叔孙得臣的儿子，又称宣伯。公孙婴齐：史称子叔声伯，叔肸的儿子，鲁文公的孙子。鞌：古同"鞍"，齐国地名，在今山东省济南市。

　　⑦ 己酉：二十三日。

　　⑧ 袁娄：齐国地名，在今山东省淄博市。

　　⑨ 壬午：二十七日。

⑩ 宋公鲍：宋文公。

⑪ 庚寅：初五日。

⑫ 卫侯速：指卫穆公。

⑬ 公子婴齐：楚国令尹，人称子重。蜀：鲁国地名，在今山东省泰安市。

⑭ 丙申：十二日。

古文今解看译文

　　鲁成公二年春，齐顷公讨伐鲁国北部边境。夏四月二十九日，卫国孙良夫率兵与齐国军队在新筑交战，卫军惨败。六月十七日，季孙行父、臧孙许、叔孙侨如、公孙婴齐率领军队会合晋国郤克、卫国孙良夫、曹国公子首，与齐顷公在鞌地交战，齐国失败。秋七月，齐顷公派国佐到诸侯军中。二十三日，各国与国佐在袁娄结盟。八月二十七日，宋文公去世。九月初五，卫穆公去世。鲁国收取汶水以北的田地。冬，楚国军队和郑国军队入侵卫国。十一月，鲁成公和楚国公子婴齐相会于蜀地。十二日，鲁成公及楚、秦、宋、陈、卫、郑、齐、曹、邾、薛、鄫等国在蜀地会盟。

——• 齐国佐不辱命 •——

知人论世聊背景

　　鲁成公时期，齐国和晋国之间发生了鞌之战。晋国由郤克领军，齐国由齐顷公亲自挂帅，结果齐军惨败，齐顷公险些被俘。齐国佐奉命出使求和，面对晋国郤克的苛刻条件，他从容不迫逐条驳斥，并且用齐顷公的口气慷慨激昂地陈说，彰显了齐国的底气，捍卫了国家的尊严。

《左传》故事解《春秋》

晋军追赶齐军，从丘舆进入齐国境内，攻打马陉。

齐顷公派宾媚人（即国佐）将纪国的炊器、玉磬赠送给晋国，并归还鲁、卫两国的土地，指示他如果对方不同意讲和，就任凭他们所为。

宾媚人送上礼物，晋国人不答应，说："必须以萧同叔的女儿作为人质，而且要把齐国境内的田陇全部改为东西向。"宾媚人回答说："萧同叔的女儿不是别人，是我国国君的母亲。如果以对等地位相待，也就是晋国国君的母亲。您向诸侯颁布命令，却说'一定要以人家的母亲做人质作为凭信'，您打算怎样对待周天子的命令？而且这是以不孝来命令诸侯。《诗经》说：'孝子的孝心没有穷尽，永远赐福于你的同类。'如果以不孝命令诸侯，恐怕不是施恩德于同类吧？先王划定天下的疆界，治理天下的道路、河流，考察土性所宜而获得应得的利益。所以《诗经》说：'我划定疆界，治理沟垄，南向东向修起田埂。'如今您划分和治理诸侯的土地，却说'全部将田垄改为东向'就完了，只考虑方便自己兵车通行，不顾土性所宜，恐怕不符合先王的遗命吧？违反先王的遗命就是不义，还怎么做诸侯的领袖？晋国在这一点上确实有过失。四王之所以能统一天下，是因为他们能树立德行，帮助大家实现共同的愿望。五伯之所以称霸诸侯，是因为他们勤劳王事，安抚诸侯，为天子效命。现在您谋求会合诸侯，却是要满足自己无止境的贪欲。《诗经》说：'施政宽和，百福聚集。'您如果不肯宽大，从而抛弃各种福禄，那对诸侯有什么损害呢？如果您不同意讲和，我国国君命令我时已有言在先了，说：'您率领贵国国君的军队光临敝国，敝国以微薄的兵赋来犒劳您的随从。由于畏惧贵国国君的威严，我军失败了。承蒙您为求取齐国的福佑，不灭绝它的社稷，使它继续同贵国保持过去的友好关系，我们绝不敢吝惜先君这些破旧的器物和土地。您如果仍然不允许，那就请允许我们收集残余兵将，背靠自己的城墙决一死战。如果敝国侥幸取胜，也还是会服从贵国；倘若不幸战败，岂敢不完全听从贵国的命令？'"

成公三年

春秋

三年春①，王正月，公会晋侯、宋公、卫侯、曹伯伐郑②。辛亥③，葬卫穆公。二月，公至自伐郑。甲子④，新宫灾⑤。三日哭⑥。乙亥⑦，葬宋文公⑧。夏，公如晋。郑公子去疾帅师伐许。公至自晋。秋，叔孙侨如帅师围棘⑨。大雩⑩。晋郤克、卫孙良夫伐廧咎如⑪。冬十有一月，晋侯使荀庚来聘。卫侯使孙良夫来聘。丙午⑫，及荀庚盟。丁未⑬，及孙良夫盟。郑伐许。

字斟句酌查注释

①三年：鲁成公三年，即周定王十九年，公元前588年。

②晋侯：指晋景公。宋公：指宋共公。卫侯：指卫定公。曹伯：指曹宣公。

③辛亥：二十八日。

④甲子：十二日。

⑤新宫：鲁宣公庙。灾：遭天火。

⑥三日哭：依照礼制，先君的庙遭火焚烧，必须哭三日。

⑦乙亥：二十三日。

⑧葬宋文公：上一年八月宋文公去世，本年二月下葬，相隔七个月。按照礼制，天子才能七月而葬，可见宋文公僭用了天子的礼仪。

⑨棘：地名，在今山东省肥城市。

⑩大雩（yú）：古代求雨祭祀的名称。

⑪ 廧咎如：赤狄的分支之一，隗姓。故城在今山西省太原市。

⑫ 丙午：二十八日。

⑬ 丁未：二十九日。

 古文今解看译文

　　鲁成公三年春，周历正月，鲁成公会合晋景公、宋共公、卫定公、曹宣公讨伐郑国。二十八日，安葬卫穆公。二月，鲁成公从诸侯讨伐郑国的战役中归国。十二日，鲁宣公的庙遭遇天火。哭泣三日。二十三日，安葬宋文公。夏，鲁成公前往晋国。郑国公子去疾率军讨伐许国。鲁成公从晋国归来。秋，叔孙侨如率军围攻棘地。举行求雨的祭祀仪式。晋国郤克、卫国孙良夫讨伐廧咎如。冬十一月，晋景公派荀庚来鲁国聘问。卫定公派孙良夫来鲁国聘问。二十八日，鲁国与荀庚签订盟约。二十九日，鲁国与孙良夫签订盟约。郑国讨伐许国。

━━・楚归晋知䓨・━━

知人论世聊背景

　　公元前597年，晋国和楚国爆发了邲之战，晋军失利，知䓨被俘。知䓨的父亲荀首射死楚国大夫连尹襄老，射伤楚公子縠臣，一并带回晋国，以备用此换回知䓨。后晋国和楚国达成一致，知䓨回归晋国。

《左传》故事解《春秋》

　　晋人把楚国公子縠臣和连尹襄老的尸首归还给楚国，以此要求交换知罃。当时荀首已经是中军副帅，所以楚国人答应了。楚共王送别知罃，说："你怨恨我吗？"知罃回答说："两国交战，下臣没有才能，不能胜任自己的职务，所以做了俘虏。君王的左右没有用我的血来祭鼓，而让我回国去接受诛戮，这是君王的恩惠啊。下臣实在没有才能，又敢怨恨谁？"楚共王说："那么你感激我吗？"知罃回答说："两国为自己的国家打算，希望让百姓得到平安，各自抑制自己的愤怒，求得互相原谅，两边都释放被俘的囚犯，以结成友好。两国友好，下臣不曾与谋，又敢感激谁？"楚共王说："你回去，用什么来报答我？"知罃回答说："下臣无所怨恨，君王也不受恩德，没有怨恨，没有恩德，不知道该报答什么。"楚王说："尽管这样，你一定要告诉我你的想法。"知罃回答说："承蒙君王的福佑，被囚的下臣能够带着这把骨头回到晋国，我国国君如果对我加以诛戮，那我是死而不朽。如果由于君王的恩惠而赦免下臣，把下臣赐给您的外臣荀首，荀首向我国国君请求而把下臣诛戮在自己的宗庙中，那我也死得其所。如果得不到我国国君杀我的命令，而让下臣继承宗子的地位，按次序承担晋国的军事，率领部分军队以治理边疆，即使碰到君王的文武官员，我也不会违背礼仪而回避，竭尽全力以至于死，没有第二个心念，以尽到为臣的职责，这就是用来报答君王的。"楚共王说："晋国是不能与它相争的。"于是对知罃重加礼遇而放他回晋国去。

成公九年

春秋

抑扬顿挫读《春秋》

　　九年春①，王正月，杞伯来逆叔姬之丧以归。公会晋侯、齐侯、宋公、卫侯、郑伯、曹伯、莒子、杞伯，同盟于蒲②。公至自会。二月伯姬归于宋③。夏，季孙行父如宋致女④。晋人来媵⑤。秋七月丙子⑥，齐侯无野卒⑦。晋人执郑伯。晋栾书帅师伐郑。冬十有一月，葬齐顷公。楚公子婴齐帅师伐莒。庚申⑧，莒溃。楚人入郓⑨。秦人、白狄伐晋。郑人围许。城中城⑩。

字斟句酌查注释

　　① 九年：鲁成公九年，即周简王四年，公元前582年。

　　② 蒲：卫国地名，在今河南省长垣市。

　　③ 伯姬：鲁宣公的女儿，嫁给宋共公后称共姬。

　　④ 致女：古代诸侯女儿出嫁三个月，派大夫前往聘问，称致女。

　　⑤ 媵：古代贵族女子出嫁时陪嫁的人。

　　⑥ 丙子：七月并没有丙子日，此为七月的某一天。

　　⑦ 齐侯无野：齐顷公，名无野。

　　⑧ 庚申：十七日。

　　⑨ 郓：鲁国地名，鲁国有二郓，此为靠东的郓，在今山东省沂水县东。

　　⑩ 中城：内城。指鲁国国都曲阜的内城。

　　鲁成公九年春，周历正月，杞桓公来我国迎接叔姬的遗体归国。鲁成公会合晋景公、齐顷公、宋共公、卫定公、郑成公、曹宣公、莒渠丘公、杞桓公在蒲地结盟。鲁成公从蒲地盟会回国。二月，伯姬出嫁到宋国。夏，季孙行父前往宋国慰问伯姬。晋国人送来陪嫁人。秋七月某日，齐顷公去世。晋国人拘捕郑成公。晋国栾书率军攻打郑国。冬十一月，安葬齐顷公。楚国公子婴率军攻打莒国。十七日，莒国溃败。楚国人进入郓地。秦国人、白狄人讨伐晋国。郑国人包围许国。鲁国修筑国都的内城墙。

晋归钟仪

左传

知人论世聊背景

　　鲁成公七年，楚国大夫钟仪被郑国俘虏，后又被献于晋国。晋景公想要释放钟仪，钟仪临走前和晋景公有一番对话。钟仪不忘记故国，不妄议君王，恪守了为臣之道。

《左传》故事解《春秋》

　　晋景公视察军用仓库，见到钟仪。晋景公问看管的人："戴着南方人的帽子而被囚禁的人是谁？"官吏回答说："是郑国人所献的楚国俘虏。"晋景公让人把他释放出来，召见他，并表示慰问。钟仪拜了两拜叩头，对他的慰问表示感谢。晋景公问他的世系、职业，他回答说："是乐人。"晋景公说："能够奏乐吗？"钟仪回答说："这是我先人的职责，我岂敢从事其他工作呢？"晋景公命人把琴给钟仪，他弹奏的是南方的乐调。晋景公说："你们的君王怎样？"钟仪回答说："这不是小人能知道的。"晋景公再三问他，他回答说："当他做太子的时候，师、保等人奉事着他，每天早晨向婴齐请教，晚上向侧请教。我不知道别的事。"晋景公把这件事告诉了范文子。文子说："这个楚囚，是个君子啊。话语中举出先人的职官，这是不忘记根本；奏乐奏家乡的乐调，这是不忘记故旧；举出楚君做太子时候的事，这是没有私心；对二卿直呼名字，这是尊崇君王。不背弃根本，这是仁；不忘记故旧，这是守信；没有私心，这是忠诚；尊崇君王，这是敏达。用仁来办理，用信来守护，用忠来成就，用敏来执行。即使再大的事情，也必然会成功。君王何不放他回去，让他结成晋楚的友好。"晋景公听从了，对钟仪更加礼遇，让他回国去替晋国求和。

成公十年

抑扬顿挫读《春秋》

十年春①，卫侯之弟黑背帅师侵郑②。夏四月，五卜郊，不从，乃不郊。五月，公会晋侯、齐侯、宋公、卫侯、曹伯伐郑③。齐人来媵。丙午④，晋侯獳卒⑤。秋七月，公如晋。冬十月。

字斟句酌查注释

① 十年：鲁成公十年，即周简王五年，公元前581年。

② 黑背：卫穆公的儿子，卫定公的弟弟，子叔氏。

③ 晋侯：指晋厉公。时晋景公有疾，晋人立太子为君，是为晋厉公。

④ 丙午：初六日。

⑤ 晋侯獳（nòu）：晋景公，名獳。

古文今解看译文

鲁成公十年春，卫定公的弟弟黑背率领军队侵犯郑国。夏四月，五次占卜以确定郊祀的日期，结果都不吉利，于是就不举行郊祀了。五月，鲁成公会合晋厉公、齐灵公、宋共公、卫定公、曹宣公讨伐郑国。齐国人送女来作为陪嫁。六月初六，晋景公獳去世。秋七月，鲁成公前往晋国。冬十月。

· 晋侯梦大厉 ·

知人论世聊背景

鲁成公八年，晋景公冤杀了赵氏家族的赵同、赵括。自此之后，晋景公梦见二人变为厉鬼肆虐，因此得病。生病后，又梦见二厉鬼化作两个小童子逃入膏肓为害。最后，晋景公没来得及品尝新麦就死了。值得注意的是，这个故事是作者虚构的。

《左传》故事解《春秋》

晋景公梦见一个厉鬼。那鬼长发拖地，捶胸跳跃，说："你杀了我的子孙，这是不义。我请求为子孙复仇，已经得到上天的允许了！"厉鬼毁掉宫门、寝门，走了进来。晋景公害怕，躲进内室，厉鬼又毁掉了内室的门。晋景公醒来，召见桑田的巫人就这件事问吉凶。巫人所说的和晋景公梦见的情况一样。晋景公说："怎么样？"巫人说："君王吃不到新收的麦子了！"晋景公病重，到秦国请医生。秦桓公派医缓给晋景公诊治。医缓还没有到达，晋景公又梦见疾病变成两个小儿，一个说："他是个好医生，恐怕会伤害我们，往哪儿逃好？"另一个说："我们待在肓的上边，膏的下边，他能拿我们怎么办？"医生来了，说："病不能治了，病在肓的上边、膏的下边，灸法不能用，针刺达不到，药物的力量也达不到了，无法治疗了。"晋景公说："真是好医生啊。"于是馈赠给他丰厚的礼物让他回去。六月初六，晋景公想吃新麦子，让管食物的人献麦，由厨师烹煮。做好后召见桑田巫人来，把煮好的新麦给他看，然后杀了他。景公将要进食，突然肚子发胀，就去上厕所，结果跌进粪坑里死了。有一个宦官早晨梦见背着晋景公登天，等到中午，他被派去把晋景公从厕所背出来，于是以他作为殉葬者。

成公十三年

十有三年春①，晋侯使郤锜来乞师②。三月，公如京师。夏五月，公自京师，遂会晋侯、齐侯、宋公、卫侯、郑伯、曹伯、邾人、滕人伐秦。曹伯卢卒于师③。秋七月，公至自伐秦。冬，葬曹宣公。

字斟句酌查注释

①十有三年：鲁成公十三年，即周简王八年，公元前578年。

②晋侯：指晋厉公。郤锜：晋国卿大夫，又称驹伯。

③曹伯卢：即曹宣公。

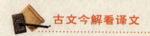

古文今解看译文

鲁成公十三年春，晋厉公派郤锜前来请求鲁国出兵。三月，鲁成公前往京师。夏五月，鲁成公从京师回来，于是会合晋厉公、齐灵公、宋共公、卫定公、郑成公、曹宣公、邾国人、滕国人一起讨伐秦国。曹宣公卢在军中去世。秋七月，鲁成公从讨伐秦国的前线回国。冬，安葬曹宣公。

左传

◆ 吕相绝秦 ◆

知人论世聊背景

　　春秋时期，秦国和晋国关系密切，但彼此也各有各的小算盘，亦出现过矛盾。鲁成公十一年，秦晋相约盟于令狐，晋君前来，而秦君却出尔反尔，背弃盟约。后秦国又挑唆狄、楚派兵进攻晋国，引起晋国不满。因此，晋厉公派吕相为使者，列出了秦国的种种罪状，与对方绝交。

《左传》故事解《春秋》

　　鲁成公十三年夏四月初五，晋厉公派吕相去秦国与之断绝来往。吕相说："自从我们先君献公与秦穆公相友好以来，二国同心合力，用盟誓来明确关系，用婚姻来加深关系。后来上天降祸晋国，文公逃亡齐国，惠公逃亡秦国。不幸，献公去世，但秦穆公不忘从前的交情，使我们惠公因此能回晋国主持祭祀。但是，秦国没有完成这一大功业，却同我们发生了韩原之战。事后秦穆公心里感到了后悔，因而成全了我们文公回国即位，这都是秦穆公的功劳。

　　"我国文公亲自戴盔披甲，跋山涉水，经历艰难险阻，征讨东方诸侯国，虞、夏、商、周的后代都来朝见秦国君王，这样就算是已经报答了秦国往日的恩德了。郑国人侵扰君王的边疆，我国文公率诸侯和秦国一起去包围郑国。可是秦国大夫不征询我国国君的意见，就擅自同郑国订立盟约。诸侯都痛恨这种做法，要同秦国决一死战。文公担心秦国受损，说服了诸侯，使秦国军队顺利回国而没有受到损害，这就说明我们对秦国有大恩大德。

　　"不幸，文公去世。秦穆公不怀好意，蔑视我们故去的国君，轻视我们襄公，侵扰我们的崤地，拒绝与我国和好，攻打我们的边境，灭绝我们的盟友滑国，离间我们兄弟国家的关系，扰乱我们的盟邦，妄图颠覆我们的国家。我们襄公没有忘记秦君昔日的恩德，却又害怕国家灭亡，所以才有崤之战。我们希望秦穆公宽免我们的罪过，但秦穆公不同意，反而勾结楚国来谋害我们。幸而老天有眼，楚成王丧了命，使秦穆公的阴谋未能得逞。

　　"秦穆公和晋襄公去世，秦康公和晋灵公即位。秦康公是我们先君献公的外甥，却又想损害我们的公室，颠覆我们的国家，率领我国的内奸，骚扰我国的边疆。所以我国才发动了令狐之战。秦康公还不悔改，又入

侵我们的河曲，攻打我们的涑川，劫掠我们的王宫，夺走我们的羁马，因此我们又发动了河曲之战。秦国向东方的道路不通畅，正是因为秦康公断绝了同我们的友好关系造成的。

"等到君王即位之后，我们景公伸长脖子望着西边说：'秦国大概要关照我们了吧！'但君王还是不肯加恩结盟，反而利用我们遇上狄人祸乱之机，入侵我们黄河沿岸的县邑，焚烧我们的茅、郜两地，抢割毁坏我们的庄稼，屠杀我们边境的百姓，因此我们才将兵卒聚集在辅氏，以抵抗秦军。君王也后悔两国战争蔓延，因而想向先君晋献公和秦穆公求福，派遣伯车来命令我们景公说：'我和你相互友好，抛弃怨恨，恢复过去的友谊，以追悼从前先君的功绩。'盟誓还没有完成，景公就去世了，因此我们国君才有了令狐的盟会。

"可是，你们君王又产生了不善之心，背弃了盟誓。白狄和秦国同处雍州，是君王的仇敌，却是我们的姻亲。君王给我们传达命令说：'我们和你们一起攻打狄人。'我们国君不敢顾念姻亲之好，畏惧君王的威严，接受了君王使臣攻打狄人的命令。但君王又对狄人表示友好，对狄人说：'晋国将要攻打你们。'狄人表面上应和但心里非常憎恨你们的做法，因此告诉了我们。楚国人同样憎恨君王反复无常，也来告诉我们说：'秦国背叛了令狐的盟约，而来向我们寻求结盟。他们向着皇天上帝、秦三公和楚三王宣誓说："我们虽然和晋国有来往，但我们只关注利益。"我讨厌他们反复无常，把这些事公开，以便惩戒那些用心不专一的人。'诸侯全都听到了这些话，因此对秦国感到痛心疾首，都来和我们国君亲近。

"现在我们国君率诸侯前来听命，所追求的仅仅是友好。如果君王肯开恩顾念诸侯，哀怜我们国君，赐我们缔结盟誓，这就是我们国君的心愿，我们将接受君王的命令，安抚诸侯而让他们退走，哪里敢自求祸乱呢？如果君王不施行大恩大德，我们国君不才，恐怕就不能率诸侯退走了。我大胆地将我们的意见全部告诉你们，以便让你们认真考虑！"

第九篇

襄公

　　鲁襄公，名午，鲁成公的儿子，母亲为定姒。公元前 572 年，鲁襄公即位，时年只有四岁。公元前 542 年去世，在位三十一年。鲁襄公即位时年幼，朝廷中有季孙氏、叔孙氏、孟孙氏辅佐，虽然也出现了大族专权的情况，但国内发展较为稳定。这一时期，晋楚争霸，晋国占上风，但到了鲁襄公执政后期，晋国开始出现公室衰微的倾向。

襄公三年 ^{春秋}

抑扬顿挫读《春秋》

三年春①，楚公子婴齐帅师伐吴。公如晋②。夏四月壬戌③，公及晋侯盟于长樗④。公至自晋。六月，公会单子、晋侯、宋公、卫侯、郑伯、莒子、邾子、齐世子光。己未⑤，同盟于鸡泽⑥。陈侯使袁侨如会。戊寅⑦，叔孙豹及诸侯之大夫及陈袁侨盟。秋，公至自会。冬，晋荀罃帅师伐许。

字斟句酌查注释

①三年：鲁襄公三年，即周灵王二年，公元前570年。

②公如晋：这是鲁襄公即位后首次前往晋国。

③壬戌：二十五日。

④长樗（chū）：地名，晋国国都的郊外。

⑤己未：二十三日。

⑥鸡泽：古代地名，在今河北省邯郸市东北。

⑦戊寅：六月没有戊寅日，实际上应为七月十三日。

古文今解看译文

鲁襄公三年春，楚国公子婴齐率军讨伐吴国。鲁襄公前往晋国。夏四月二十五日，鲁襄公和晋悼公在长樗结盟。鲁襄公从晋国归国。六月，鲁襄公与单顷公、晋悼公、宋平公、卫献公、郑僖公、莒犁比公、邾宣公以及齐国太子光相会。二十三日，在鸡泽结盟。陈成公派袁侨到会。七月十三日，叔孙豹和各国大夫以及陈国袁侨结盟。秋，鲁襄公从盟会回国。冬，晋荀罃率军攻打许国。

◆ 祁奚荐贤 ◆

左传

知人论世聊背景

祁奚，字黄羊，晋国大夫，历经晋景公、晋厉公、晋悼公、晋平公四朝。他荐贤，护贤，"内举不避亲，外举不避仇"，受到人民的一致称赞，成为千古美谈。

《左传》故事解《春秋》

祁奚请求告老退休，晋悼公问谁来接替他。祁奚称解狐可以，解狐是祁奚的冤家仇人。晋悼公打算任命解狐，他却去世了。

晋悼公又问祁奚谁可以接任这个职位，祁奚回答说："我儿子祁午也可以胜任。"这时祁奚的副手羊舌职去世了，晋悼公说："谁可以接任羊舌职的职位？"祁奚回答说："羊舌职的儿子羊舌赤也可以胜任。"因此，晋悼公就派遣祁午做中军尉，羊舌赤为副职。

君子这样评价祁奚："祁奚在这种情况下能够推举有德行的人。举荐他的仇人，不是为了谄媚；确立他的儿子作为他的继承者，不是为了结党营私；推举他的副手，不是为了建立党羽。《商书》说：'不偏私不结党，君王之道就能浩浩荡荡。'这说的正是祁奚。解狐得到推荐，祁午得到安排，羊舌赤得到官位，建立一个军尉的官职而成全了三件事，这是祁奚能够推举贤能的缘故啊。只有自己有德行，才能推举类似他的贤人。《诗经》说：'正因为自己具有美德，才能推举和他相似的人。'祁奚就是这样的人。"

◆ 魏绛戮扬干 ◆

知人论世聊背景

魏绛是晋国后期的贤臣，他执法公正不阿。晋悼公的弟弟扰乱了军队的行列，魏绛处置对方毫不手软，丝毫不留情面。面对晋悼公的责问，魏绛的回答义正词严。

《左传》故事解《春秋》

晋悼公的弟弟扬干在曲梁扰乱军队的行列，魏绛杀了他的车夫。晋悼公发怒，对羊舌赤说："会合诸侯是光荣的事，现在扬干受到侮辱，还有什么侮辱比这更大？一定要杀掉魏绛，不要耽误了。"羊舌赤回答说：

"魏绛没有二心，事奉国君不避危难，有了罪过不逃避惩罚，他大概会来说明的，何必劳动君王发布命令呢？"话刚说完，魏绛就来了，他把信交给传事官，就准备挥剑自刎。士鲂、张老劝阻了他。晋悼公读了书信，信上说："我责罚了扬干，不敢忘记自己这是犯下了死罪。以前君王缺乏使唤的人，让下臣担任司马的职务。下臣听说'军队里的人服从军纪叫作武，在军队里做事宁死也不触犯军纪叫作敬'。君王会合诸侯，下臣岂敢不执行军纪？君王的军队不武，办事的人不敬，没有比这再大的罪过了。下臣害怕自己因为不执行军法而犯死罪，所以处置了扬干，这罪责

无可逃避。下臣不能够事先教导全军，以至于动用了斧钺。下臣的罪过很重，岂敢不服从惩罚来激怒君王呢？请求回去死在司寇那里。"晋悼公光着脚快步走出来，说："寡人的话，是出于对兄弟的亲爱；你杀了扬干的车夫，是按军法从事。寡人有弟弟，却没有能够教导好他，而让他触犯了军令，这是寡人的过错。您不要加重寡人的过错，谨以此作为请求。"

晋悼公由此认为魏绛能够用刑罚来治理百姓了，从盟会回国，便在太庙设宴招待魏绛，提拔他为新军副帅。张老做中军司马，士富做候奄。

襄公四年

抑扬顿挫读《春秋》

四年春①，王三月，己酉②，陈侯午卒③。夏，叔孙豹如晋④。秋七月戊子⑤，夫人姒氏薨⑥。葬陈成公。八月辛亥⑦，葬我小君定姒⑧。冬，公如晋。陈人围顿⑨。

字斟句酌查注释

①四年：鲁襄公四年，即周灵王三年，公元前569年。

②己酉：三月无此日，记载有误。

③陈侯午：陈成公，名午。

④叔孙豹如晋：之前晋国派荀䓨聘鲁，作为回报，叔孙豹到晋国聘问。

⑤戊子：二十八日。

⑥姒（sì）氏：鲁成公的小妾，鲁襄公的母亲。

⑦辛亥：二十二日。

⑧定姒：即前文提到的姒氏，"定"为其谥号。

⑨顿：国名，靠近陈国的小国。

古文今解看译文

鲁襄公四年春，周历三月，己酉日，陈成公午去世。夏，叔孙豹前往晋国聘问。秋七月二十八日，夫人姒氏去世。安葬陈成公。八月二十二日，安葬鲁国夫人定姒。冬，鲁襄公前往晋国。陈国军队包围顿国。

·魏绛论和戎·

知人论世聊背景

　　春秋时期，中原诸侯对周围的少数民族多不大尊重，即采取所谓"攘夷"策略。晋国对于其北部的戎族也持这样的态度。魏绛从晋国的霸业利益出发，提出"和戎"的主张，这对振兴晋国、团结少数民族来讲具有重要意义。魏绛劝说晋悼公不要沉迷于打猎，不要轻易发动战争。晋悼公欣然接受，派魏绛和戎，使晋国继续迈向辉煌。

《左传》故事解《春秋》

　　无终国国君嘉父派遣孟乐到晋国，通过魏绛的关系献上了虎豹的皮革，以请求晋国和各部戎人讲和。晋悼公说："戎狄不认亲情而且贪婪，不如攻打他们。"魏绛说："诸侯新近才顺服，陈国最近前来讲和，他们都在观望我们的行动。我们有德，他们就亲近我们，否则就背离我们。发动军队去攻打戎人，一旦楚国进攻陈国，我们就难于施以救援，这就是丢弃陈国。这样，中原诸国一定会背叛我们。得到戎人而失去中原，恐怕不可以吧！《夏训》有这样的话'有穷的后羿……'"晋悼公说："后羿怎么样？"魏绛回答说："从前夏朝刚刚衰落的时候，后羿从鉏地迁到穷石，依靠夏朝民众的力量夺取了夏朝政权。后羿仗着他的射箭技术，不致力于治理百姓而沉溺于打猎，抛弃了武罗、伯因、熊髡、龙圉等贤臣而任用寒浞。寒浞本来是伯明氏的奸诈子弟，伯明氏丢弃了他。后羿收养了他，信任并且任用他为自己的辅相。寒浞在内宫对女人献媚，在外广施财物收买人心，愚弄百姓，而且引诱后羿专以打猎为乐。扶植了奸诈邪恶者，由此抢夺了后羿的国和家，使外部和内部都顺从归服他。后羿还是不知悔改，准备从打猎的地方回来，他的手下把他杀死并煮熟，逼迫他的儿子吃。后羿的儿子不忍心吃，又被杀死在穷国的城门口。这种局面下，靡逃亡到有鬲氏部落。寒浞霸占了后羿的妻妾，与她们生了浇和豷，仗着他的奸诈邪恶而不对百姓施恩德，派浇带兵，灭了斟灌氏和斟寻氏。寒浞让浇住在过地，让豷住在戈地。靡从有鬲氏那里收集两国的遗民，依靠他们灭了寒浞而立了少康。少康在过地灭掉了浇，后杼在戈地灭掉了豷，有穷国从此就灭亡了，这都是由于失去贤人的缘故。当初周朝的辛甲做太史的时候，命令百官都来劝诫天子的过失。《虞人之箴》里说：'辽远的夏禹遗迹，分为九州，开通了许多大道。百姓有屋有庙，野兽有丰茂的青草，各得其所，他们因此互不干扰。后羿身居帝位，却一心贪恋着狩猎，忘记了国家的忧患，想的只有飞鸟走兽。武事不能

太多，太多就不能增强夏后氏的国力。主管禽兽的臣，谨以此报告给君王的左右人。'《虞箴》都这样说，难道不需要引以为戒吗？"当时晋悼公喜欢打猎，所以魏绛委婉地提到这件事。

晋悼公说："既然这样，那么没有比跟戎人讲和更好的策略了吗？"魏绛回答说："跟戎人讲和有五个好处：戎狄逐水草而居，重财宝而轻土地，可以向他们收买土地，这是一。边境不再有所警惧，民众能安心在田野里耕作，农民可以获得收成，这是二。戎狄事奉晋国，四边的邻国震动，诸侯因为我们的威严而被慑服，这是三。用德行安抚戎人，将士们免去辛劳，武器不会损坏，这是四。有鉴于后羿的教训，而利用道德法度，远国前来而邻国安心，这是五。请君王还是慎重谋划吧！"

晋悼公听了很高兴，派遣魏绛与戎人各部讲和，又致力于治理百姓，按照时令去狩猎。

春秋

襄公十四年

 抑扬顿挫读《春秋》

十有四年春①，王正月，季孙宿、叔老会晋士
匄、齐人、宋人、卫人、郑公孙虿、曹人、莒人、
邾人、滕人、薛人、杞人、小邾人会吴于向②。二
月乙朔，日有食之③。夏四月，叔孙豹会晋荀偃、
齐人、宋人、卫北宫括、郑公孙虿、曹人、莒人、
邾人、滕人、薛人、杞人、小邾人伐秦④。己未⑤，
卫侯出奔齐。莒人侵我东鄙。秋，楚公子贞帅师伐
吴。冬，季孙宿会晋士匄、宋华阅、卫孙林父、郑
公孙虿、莒人、邾人于戚⑥。

字斟句酌查注释

①十有四年：鲁襄公十四年，即周灵王十三年，公
元前559年。

②士匄（gài）：即范宣子。士氏，名匄，谥号宣。
晋国政治家、军事家。向：郑国地名，在今安徽省怀远
县西。

③二月乙朔，日有食之：指公元前559年1月14
日出现的日环食。乙朔，初一日。

④伐秦：襄公十一年，秦国和晋国战于栎地，晋军
大败，此役是晋国对秦国的报复。

⑤己未：二十六日。

⑥戚：卫国孙林父的封地，在今河南省濮阳市北。

古文今解看译文

鲁襄公十四年春，周历正月，季孙宿、叔老会同晋国士匄、齐国人、宋国人、卫国人、郑国公孙虿、曹国人、莒国人、邾国人、滕国人、薛国人、杞国人和小邾国人，在向地会见吴国人。二月初一，发生日食。夏四月，叔孙豹会同晋国荀偃、齐国人、宋国人、卫国北宫括、郑国公孙虿、曹国人、莒国人、邾国人、滕国人、薛国人、杞国人及小邾国人进攻秦国。二十六日，卫献公衎出奔齐国。莒国侵犯鲁国东部边境。秋，楚国公子贞率领军队攻打吴国。冬，季孙宿与晋国士匄、宋国华阅、卫国孙林父、郑国公孙虿、莒国人、邾国人相会于戚地。

── ·驹支不屈于晋· ──

知人论世聊背景

吴国被楚国打败，因而向晋国求援。晋国范宣子认为吴国在楚国丧期内进攻是不合乎礼的，因此拒绝出兵。此时的晋国已经没有了霸主的威风，但还想保持过去的体面，因此找借口逮捕了莒国公子务娄，又责难姜戎首领驹支。范宣子给驹支强加罪名，驹支据理力争，反驳了范宣子。

《左传》故事解《春秋》

鲁襄公十四年春天，吴国向晋国通报去年被楚国打败的事情。鲁、晋、齐、宋等国在向地会盟，是因为要替吴国策划攻打楚国。晋国的范宣子责备吴国人在楚国丧礼期间伐楚是不讲道德的，因此拒绝了吴国人的请求。

晋国逮捕了莒国公子务娄，是因为他派使者和楚国私通。晋国还打算拘捕姜戎部落的首领驹支。范宣子在盟会的朝会上亲自指责他，说道："过来，姜戎氏！从前秦国人把你祖父吾离从瓜州赶走，你的祖父吾离披着茅草衣、戴着荆条帽前来投奔我国先君。我先君惠公当时只有不算多的田地，却与你们平分来养活你们。如今诸侯侍奉我们国君大不如从前，这是因为说话泄漏了什么机密，应当是由于你的缘故。明天早上的会盟，你不要参加了！你要是参加，就把你抓起来！"

　　驹支回答说："从前秦国仗着人多，贪婪地掠夺土地，把我们各部落戎人从祖居地赶走。晋惠公显示了他崇高的品德，认为我们各部戎人都

是四岳的后代，不该把我们抛弃不管。他赐给我们南部边疆的土地，那里本来是狐狸居住、豺狼嗥叫的地方。我们各部戎人砍除了那里的荆棘，赶走了那里的狐狸、豺狼，成为贵国先君既不内侵也不外叛的臣属，到现在也没有二心。从前，晋文公与秦国攻打郑国，秦国人私下里同郑国人订立盟约，留下军队在那里驻守，从而引发崤之战。当时晋军在前面抵抗，我们戎人在后面进击，秦军战败而无法退回，是由于我们戎人出了大力。这就如同捕鹿，晋人抓住它的角，戎人拖住它的后腿，和晋人一起把它掀倒。戎人为什么不能免于罪责呢？之后，晋国多次出兵征战，我们戎人各部从来都紧跟其后，时时追随贵国执政，就像崤之战一样，岂敢疏远背离？如今贵国官员恐怕有过失，使得诸侯叛离，你们却来怪罪我们戎人！我们各部戎人服饰饮食不与华夏相同，礼仪使者不相往来，言语不通，能做出什么对贵国不利的事？即使不参加盟会的事务，我也不会惭愧。"

驹支吟诵了《青蝇》诗然后退下，范宣子连忙表示歉意，请他参加会议，同时也成全了自己不听信谗言的名声。

襄公二十五年

抑扬顿挫读《春秋》

二十有五年春①，齐崔杼帅师伐我北鄙。夏五月乙亥②，齐崔杼弑其君光③。公会晋侯、宋公、卫侯、郑伯、曹伯、莒子、邾子、滕子、薛伯、杞伯、小邾子于夷仪④。六月壬子⑤，郑公孙舍之帅师入陈。秋八月己巳⑥，诸侯同盟于重丘⑦。公至自会。卫侯入于夷仪。楚屈建帅师灭舒鸠。冬，郑公孙夏帅师伐陈。十有二月，吴子遏伐楚⑧，门于巢⑨，卒⑩。

字斟句酌查注释

① 二十有五年：鲁襄公二十五年，即周灵王二十四年，公元前548年。

② 乙亥：十七日。

③ 光：齐庄公的名。

④ 夷仪：本为邢国地，卫国灭了邢国后成为卫地。

⑤ 壬子：二十四日。

⑥ 八月己巳：应该为七月十二日。

⑦ 诸侯：指在夷仪相会的诸侯。重丘：齐国地名，在今山东省聊城市东南。

⑧ 吴子遏：吴王诸樊，名遏。

⑨ 巢：古代地名，在今安徽省巢湖市。

⑩ 卒：受伤而死。

鲁襄公二十五年春，齐国崔杼领兵侵伐鲁国北部边境。夏五月十七日，齐国崔杼杀了他的国君庄公光。鲁襄公与晋平公、宋平公、卫殇公、郑简公、曹武公、莒犁比公、邾悼公、滕成公、薛伯、杞文公、小邾穆公在夷仪相会。六月二十四日，郑国公孙舍之率领军队攻入陈国国都。秋七月十二日，诸侯一起结盟于重丘。鲁襄公从盟会的地方回国。卫献公进入夷仪。楚国屈建率兵灭了舒鸠国。冬，郑国公孙夏率兵侵伐陈国。十二月，吴王诸樊讨伐楚国，攻打巢邑城门，受伤而死。

·崔杼弑齐庄公·

知人论世聊背景

齐国的崔杼是春秋后期大奸臣的代表。此人迎立齐庄公，将其作为傀儡，自己则掌握着齐国的大权。齐庄公和棠姜私通，崔杼借此直接弑杀齐庄公。晏子是齐国忠臣的代表，崔杼弑君事件体现了他刚正不阿的品质。

《左传》故事解《春秋》

齐国棠邑大夫棠公的妻子是东郭偃的姐姐。东郭偃是崔杼的家臣。棠公死后，东郭偃驾车送崔杼前去吊唁。崔杼看到棠姜（即棠公之妻），觉得她很美，想让东郭偃把她嫁给自己。东郭偃说："男女婚配要辨别姓氏。您是丁公的后代，下臣是桓公的后代，同姓（同为姜姓）是不可以结婚的。"崔杼找人卜筮，得到《困》卦变成《大过》卦。太史都说"吉利"。崔杼把卦象拿给陈文子看，陈文子说："丈夫跟从风，风吹落妻子，不能娶的。而且它的《繇》辞说：'被石头所困，据守在蒺藜中，走进屋，不见妻，凶。'为石头所困，这意味前去不能成功。据守在蒺藜中，意味所依靠的东西会使人受伤。走进屋，不见妻，凶，这意味着无家可归。"崔杼说："她是寡妇，有什么妨碍？即便有，她死去的丈夫已经应验过这一凶兆了。"于是崔杼就娶了棠姜。

齐庄公和棠姜私通，经常到崔家去，还把崔杼的帽子赏赐给别人。侍者说："这样不行。"齐庄公说："不用崔杼的帽子，难道就没有别的帽子可用了？"崔杼由此怀恨齐庄公，又因为齐庄公曾趁晋国动乱而进攻晋国，说："晋国必然要报复。"崔杼想要杀死齐庄公来取悦晋国，却又没有得到机会。齐庄公鞭打了侍人贾举，后来又亲近贾举，贾举就为崔杼找机会。

夏五月，莒国由于上一年进攻且于的缘故，莒犁比公到齐国朝见齐庄公。十六日，齐庄公在北城设飨礼招待莒犁比公，崔杼推说有病，不办理政事。十七日，齐庄公去探望崔杼，乘机与棠姜见面。姜氏进入内室，又和崔杼一同从侧门出去。齐庄公拍着柱子唱歌。侍人贾举禁止庄公的随从入内，自己走进去，关上大门。甲士们一拥而出，要杀死庄公。齐庄公登上高台请求免死，众人不答应；请求结盟，众人依旧不答应；请求在太庙自杀，众人还是不答应。都说："君王的下臣崔杼病得厉害，不能听从您的命令。这里靠近君王的宫室，陪臣只知道巡夜搜捕淫乱的人，不知道有其他命令。"齐庄公跳墙逃跑，有人用箭射中了他的大腿。庄公掉在墙内，于是被杀死了。贾举、州绰、邴师、公孙敖、封具、铎父、襄伊、偻堙也都被杀死。祝佗父在高唐祭祀，回到国都，复命，还没有来得及脱掉官帽，就在崔杼家里被杀死了。申蒯，是管理渔业的官员，退出来，对他的家宰说:"你带着我的妻子儿女逃走,我准备赴死。"家宰说:"如果我逃走,这是违背了您所持的道义了。"就和申蒯一起自杀。崔氏在平阴杀死了鬷蔑。

晏子站在崔氏的门外,他的随从问他:"准备为他(齐庄公)去死吗?"晏子说:"难道他只是我一个人的国君吗?为什么要去死?"手下人说:"那么逃走吗?"晏子说:"他的死是我的罪过吗?我为什么要逃走?"手下人说:"那么回去吗?"晏子说:"国君死了,回到哪儿去?作为百姓的君主,难道是用他的地位来凌驾于百姓之上?是让他来主持国政的。作为君主的臣下,难道是为了俸禄?应当保护国家。所以君主为国家而死,那么臣子就要为他而死;国君为国家而逃亡,那么臣子也要随他而逃亡。如果君主为自己而死,为自己而逃亡,不是他个人宠爱的人,谁敢承担这个责任?而且别人得到君主的信任反而杀死了他,我哪能为他而死?哪里能为他而逃亡?但是又能回到哪里去呢?"崔家大门开了,晏子走进去,头枕在齐庄公尸体的大腿上而号哭,然后站起来,再三跺脚顿足之后才出去。有人对崔杼说:"一定要杀了他!"崔杼说:"他是百姓所仰望的人,放了他,可以得民心。"

卢蒲癸逃亡到晋国,王何逃亡到莒国。

叔孙侨如在齐国的时候,叔孙还把叔孙侨如的女儿嫁给齐灵公。此女受到宠爱,生了齐景公。十九日,崔杼拥立景公为国君,自己出任宰相,庆封做左相,和国人在太公的宗庙里结盟,说:"有不依附崔氏、庆氏的……"晏子抢上话向天叹息道:"婴如果不亲附忠君利国的人,有上天为证!"于是就歃血为盟。二十三日,齐景公和大夫与莒犁比公结盟。

太史记载道:"崔杼杀了他的国君。"崔杼杀死了太史。太史的弟弟接着这样写,因而被杀的又有了第二人。太史还有一个弟弟又这样

写，崔杼只能放过他了。南史氏听说太史都死了，拿了照样写好了的竹简前去，听到已经如实记载了，这才回去。

闾丘婴用车子的帷幕包捆了妻子，装上车，和申鲜虞（两人均为齐庄公近臣）同乘一辆车逃走。鲜虞把闾丘婴的妻子推下了车，说："国君昏昧不能纠正，国君危险不能救驾，国君死亡不能以身相殉，只知道把自己所亲爱的人藏匿起来，有谁会接纳我们？"他们走到弇中狭道，准备住下来。闾丘婴说："崔氏、庆氏可能在追我们。"鲜虞说："一对一，谁能让我们害怕？"就住了下来，他们头枕着马缰绳睡觉，先喂饱马然后自己吃饭，套上马车继续赶路。走出狭道，对闾丘婴说："赶紧走！崔氏、庆氏人多，是不能抵挡的。"于是就逃亡到鲁国来。

崔杼没有把齐庄公的棺材殡于庙而是暂时放在外城北边。二十九日，安葬在士孙之里，葬礼只用了四把长柄羽扇，既不清道，也不警戒，送葬只用了七辆旧车，没用甲士列出军阵。

春秋

襄公二十七年

二十有七年春①，齐侯使庆封来聘②。夏，叔孙豹会晋赵武、楚屈建、蔡公孙归生、卫石恶、陈孔奂、郑良霄、许人、曹人于宋。卫杀其大夫宁喜。卫侯之弟鱄出奔晋③。秋七月辛巳④，豹及诸侯之大夫盟于宋。冬十有二月乙卯朔⑤，日有食之。

字斟句酌查注释

① 二十有七年：鲁襄公二十七年，即周灵王二十六年，公元前546年。

② 齐侯：齐景公。

③ 鱄（zhuān）：即子鲜。

④ 辛巳：初五日。

⑤ 乙卯：初一日。

古文今解看译文

鲁襄公二十七年春，齐景公派庆封来鲁国聘问。夏，叔孙豹和晋国赵武、楚国屈建、蔡国公孙归生、卫国石恶、陈国孔奂、郑国良霄及许国人、曹国人在宋国会盟。卫国杀死了他们的大夫宁喜。卫献公的弟弟鱄出逃晋国。秋七月初五，叔孙豹和诸侯的大夫在宋国订立盟约。冬十二月初一，出现日食。

· 弭兵会盟 ·

知人论世聊背景

春秋时期，晋国和楚国多年争霸，彼此都感到厌倦，也都有停战休养生息的意愿。此时，晋国因为内部斗争几乎耗尽了国力，无法大规模用兵；楚国受到吴国的牵制，也无力和晋国争霸，因此具备"弭兵"的条件。宋国向戌借机游走于晋国和楚国之间，终于说服召开弭兵的盟会。但是在盟会上，各国还是有各自的算盘，晋楚两国为谁歃血主盟而吵得不可开交。几番周折，诸侯还是达成了协议。但是，这样的和平注定是短暂的。

《左传》故事解《春秋》

宋国向戌和晋国赵文子友好，又和楚国令尹子木友好，想要通过消除诸侯之间的战争来博取声名。他去到晋国，把停止战争的想法告诉了赵文子。赵文子和大夫们商议。韩起说："战争，是残害百姓的祸事，是消耗国家财力的蛀虫，是小国的大灾难。有人要制止它，即便办不到，也一定要答应。我们要是不答应，楚国将会答应，以此号召诸侯，那么我国就会失去盟主的地位。"晋国人答应了向戌。向戌又去到楚国，楚国也答应了。到齐国，齐国人感到为难。陈文子说："晋国、楚国都答应了，我们怎么能够不答应？而且别人说'停止战争'，而我们不答应，那么就会使我们的百姓离心，将要怎么领导他们？"齐国也答应了。向戌又去告知秦国，秦国也表示赞成。这四个国家都通告各个小国，在宋国举行会盟。

五月二十七日，晋国赵文子到达宋国。二十九日，郑国良霄也来了。

六月初一，宋国人设飨礼招待赵文子，叔向作陪。司马把煮熟的肉切成碎块，放在盘子里，这是合于礼的。后来，孔子谈及这次宴礼时，认为席间主客都使用了许多美好的辞令。初二日，叔孙豹、齐国庆封、陈国须无、卫国石恶到达。初八，晋国荀盈跟随赵文子一起到达。初十日，邾悼公到达。十六日，楚国公子黑肱比令尹屈建先到达，和晋国商定和约的有关条款。二十一日，宋国向戌去到陈国，和子木商定有关楚国的条件。二十二日，滕成公到达。子木向向戌提出，请让晋国和楚国各自的盟国互相朝见。二十四日，向戌把子木的意见回复给赵文子。赵文子说："晋、楚、齐、秦四国地位相当，晋国不能指挥齐国，如同楚国不能指挥秦国一样。楚国国君如果能让秦国国君到我国朝见，那么我国国君怎么敢不坚持向齐国国君提出这种请求？"二十六日，向戌把这一意见转达给了子木，子木派人乘驿车去请示楚康王。楚康王说："把齐国、秦国的事放到一边，先让其他国家互相朝见。"秋七月初二，向戌从陈国回到宋国。当夜，赵文子和公子黑肱统一了盟书的措辞。初四，子木从陈国到达。陈国孔奂、蔡国公孙归生到达。曹国和许国的大夫也都来到了。各国军队用篱笆做墙作为屏障。晋国和楚国驻扎在两头。伯夙对赵文子说："楚国的气氛很不好，恐怕会发生突然袭击。"赵文子说："万一如此，我们只要向左转，躲进宋国，他们能把我们怎么样？"

初五日，各诸侯国代表准备在宋国西门外会盟。楚国人在外衣里边穿上皮甲。伯州犁说："会合诸侯的军队，而做不信任别人的事，恐怕不可以吧？诸侯盼望得到楚国的信任，因此前来顺服。如果不信任别人，就丢掉了所用来使诸侯顺服的东西了。"坚决请求脱去皮甲。子木说："晋国和楚国之间互相缺乏信用已经很久了，去做对我们有利的事就是了。如果能如愿，哪里用得着有信用？"伯州犁退下去，对人说："子木将要死了，用不了三年。只求满足意愿而丢弃信用，但意愿会满足吗？有意愿就形成语言，有语言就产生信用，有信用就巩固意愿。

这三件事互相关联，互相制约。信用丢掉了，怎么能活到三年呢？"赵文子对楚国人身披甲衣感到不放心，把这种情形告诉了叔向。叔向说："有什么可担心的？普通人一旦做出不守信用的事尚且不可以，全都不得好死。如果一个会合诸侯的卿士做出不守信用的事情，就必然不能成功了。说话不算数的人不能给人造成困难，这不是您的祸患。用信用召集别人，而用虚伪待人，必然没有人同意他，哪里能危害我们？而且我们依凭着宋国来防御他们制造的威胁，那么人人都肯于舍命。晋军和宋军一起誓死抵抗，即使楚军增加一倍也是可以抵抗的，您有什么可害怕的呢？何况事情不至于到这个地步。说是要消除战争以召集诸侯，反而发动战争来危害我们，我们能得到的好处就多了，不必担心。"

季武子派人以鲁襄公的名义对叔孙豹说："根据邾国、滕国的情况，再决定我国是否参与结盟。"不久，齐国人请求把邾国作为属国，宋国人请求把滕国作为属国，邾国、滕国都不参加结盟。叔孙说："邾国、滕国，是别国的属国；而我们，是诸侯国，怎么能比照邾、滕两国办事呢？宋国、卫国，才是和我们地位对等的。"于是，鲁国参加了结盟。所以，《春秋》只写"豹"，而不记载叔孙豹的族名，这是说他违背了鲁襄公命令的缘故。

晋国和楚国争相要先歃血盟誓。晋国人说："晋国本来就是诸侯的盟主，从来没有在晋国之前歃血的国家。"楚国人说："您说晋国和楚国的地位相等，如果晋国总是在前面，这就说明楚国比晋国弱。而且晋国和楚国交换着主持诸侯的结盟已经很久了，怎么能总是由晋国当盟主？"叔向对赵文子说："诸侯归服于晋国的德行，不是归服于它是否主持结盟。您如果致力于德行，就不必去争执歃血的先后。而且诸侯盟会，小国本来也有参与结盟事务的，我们权当楚国为晋国做具体琐碎的事情，不就可以了吗？"于是就让楚国先歃血。《春秋》记载把晋国放在前面，这是由于晋国有信用。

初六日，宋平公同时招待晋国和楚国的大夫，赵文子作为主宾坐在首席，子木跟他交谈，赵文子无法应对。他让叔向在旁边帮着对答，子木也无法应对。

初九日，宋平公和诸侯国的大夫们在蒙门外结盟。子木向赵文子询问道："范武子的德行怎么样？"赵文子回答说："这个人的家事治理得井井有条，对晋国人来说没有可以隐瞒的情况。他的祝史祭祀时很真诚，没有言不由衷的话。"子木回去把话报告楚康王。楚康王说："高尚啊！能够让神和人高兴，难怪他能辅佐五世国君作为盟主。"子木又对楚康王说："晋国称霸诸侯是合适的，有叔向来辅佐正卿，楚国没有和他相当的人，不能和晋国相争。"

晋国的荀盈去楚国参加结盟。

襄公二十九年

抑扬顿挫读《春秋》

　　二十有九年春①，王正月，公在楚②。夏五月，公至自楚。庚午③，卫侯衎卒④。阍弑吴子余祭⑤。仲孙羯会晋荀盈、齐高止、宋华定、卫世叔仪、郑公孙段、曹人、莒人、滕人、薛人、小邾人城杞。晋侯使士鞅来聘。杞子来盟。吴子使札来聘⑥。秋九月，葬卫献公。齐高止出奔北燕⑦。冬，仲孙羯如晋⑧。

字斟句酌查注释

　　①二十有九年：鲁襄公二十九年，即周景王元年，公元前544年。

　　②公在楚：鲁襄公于上一年十一月前往楚国，此时依然在楚。

　　③庚午：初五日。

　　④卫侯衎：即卫献公。

　　⑤阍（hūn）：守门人。余祭：吴国国君，又称吴安王，吴王寿梦之子。这一年，吴王余祭被守门人弑杀。

　　⑥吴子使札来聘：吴国和鲁国通好，吴王余祭在遇刺前派季札去鲁国。季札在前往鲁国的途中，此时还不知道自己的君主被杀害了。札，即季札，吴王寿梦四子。

　　⑦齐高止出奔北燕：齐国将高止驱逐，因此他逃往北燕。

　　⑧仲孙羯如晋：之前晋国派士鞅到鲁国聘问，所以鲁国为回报晋国，派孟孝伯到晋国去。仲孙羯，即孟孝伯，鲁国卿士。

鲁襄公二十九年春，周历正月，鲁襄公在楚国。夏五月，鲁襄公从楚国归来。六月初五，卫献公衎去世。守门人刺杀了吴王余祭。仲孙羯会同晋国荀盈、齐国高止、宋国华定、卫国世叔仪、郑国公孙段、曹国人、莒国人、滕国人、薛国人和小邾国人修筑杞国都城的城墙。晋平公派士鞅前来鲁国聘问。杞文公来鲁国结盟。吴王余祭派季札来鲁国聘问。秋九月，安葬卫献公。齐国高止逃往北燕。冬，仲孙羯前往晋国。

·季札观周乐·

知人论世聊背景

吴公子季札出使鲁国，鲁国人为他表演周王室的乐舞。在演奏的过程中，季札点评其中乐曲，在鲁国人面前显示了他对礼乐的精到理解，进一步表明了吴国也是周礼之后，从而达到其来聘问的政治目的。

《左传》故事解《春秋》

吴国公子季札前来鲁国聘问，寒暄过后请求观赏周朝的音乐和舞蹈。鲁国人让乐工为他歌唱《周南》和《召南》。公子札说："真美好啊！教化开始奠定国家的基础了，但还没有完成，然而百姓辛劳而不怨恨了。"乐工为他歌唱《邶风》《庸风》和《卫风》。公子札说："美好啊，多深远啊！虽然有忧思，却不至于困顿。我听说卫国的康叔、武公的德行就是这样的，这大概是《卫风》吧！"乐工为他歌唱《王风》。公子札说：

"美好啊！有忧思却没有恐惧，这大概是周室东迁之后的乐歌吧！"乐工为他歌唱《郑风》。公子札说："美好啊！但它的音节过于琐碎，百姓忍受不了。大概会最先亡国吧！"乐工为他歌唱《齐风》。季礼说："真美好啊，如此宏大而深远！这是大国的乐歌啊！可以为东海诸国做出表率的，大概就是太公的国家吧？国运真是不可限量啊！"乐工为他歌唱《豳风》。公子札说："美好啊，如此博大坦荡！欢乐却不放纵，大概是周公东征时的乐歌吧！"乐工为他歌唱《秦风》。公子札说："这就叫作西方的夏声。夏就是大，大到极点了，恐怕是周朝的旧乐吧！"乐工为他歌唱《魏风》。公子札说："美好啊，多么婉转抑扬啊！虽然声音大却又和顺婉转，变化曲折却又易于流转，如果再加上德行的辅助，就是贤明的君主了。"乐工为他歌唱《唐风》。季札说："思虑深远啊！大概是陶唐氏的后代吧！如果不是这样，忧思为什么会这样深远呢？如果不是有美德者的后代，谁能这样？"乐工为他歌唱《陈风》。公子札说："国家没有主人，难道能够长久吗？"再歌唱《郐风》以下的乐歌，季礼就不做评论了。乐工为季札歌唱《小雅》。公子札说："美好啊！有忧思而没有反叛之心，有怨恨却不言说，这大概是周朝德政衰微时的乐歌吧？还是有先王的遗民在啊！"乐工为他歌唱《大雅》。公子札说："广阔啊，和美啊！抑扬顿挫而本体刚健劲直，大概是文王的德行吧！"乐工为他歌唱《颂》。公子札说："好到极点了！正直而不傲慢，委曲而不厌倦，亲近而不相逼，疏远而不离心，活泼而不邪乱，反复而不厌倦，哀伤而不忧愁，欢乐而不过度，常用而不匮乏，宽广而不显露，施舍而不损耗，收取而不贪婪，静止而不停滞，行进而不流荡。五声和谐，八音协调；节拍有法度，乐器先后有序。这都是拥有大德行的人所共同具有的。"

公子札看见跳《象箾》和《南籥》两种乐舞后说："美好啊！但还有美中不足！"看到跳《大武》时说："真美好啊！周朝兴盛的时候大

概就是这样子吧！"看到跳《韶濩》时说："圣人如此伟大，仍然有不足之处，做圣人实在是不容易啊！"看到跳《大夏》时说："美好啊！勤于民事而不自以为有功，除了夏禹外，谁还能做得到？"看到跳《韶箾》时说："德行达到顶点了，多伟大啊！就像上天无所不覆盖一样，像大地无所不容纳一样。即使有超过大德行的，恐怕也超不过这个了。观赏达到止境了！如果还有别的乐舞，我也不敢再请求观赏了。"

襄公三十一年 _{春秋}

抑扬顿挫读《春秋》

三十有一年春①，王正月。夏六月辛巳②，公薨于楚宫③。秋九月癸巳④，子野卒⑤。己亥⑥，仲孙羯卒。冬十月，滕子来会葬⑦。癸酉⑧，葬我君襄公。十有一月，莒人弑其君密州⑨。

字斟句酌查注释

① 三十有一年：鲁襄公三十一年，即周景王三年，公元前 542 年。

② 辛巳：二十八日。

③ 公薨于楚宫：鲁襄公在楚宫去世。

④ 癸巳：十一日。

⑤ 子野：鲁国公子。

⑥ 己亥：十七日。

⑦ 滕子来会葬：滕成公前来参加鲁襄公的葬礼。

⑧ 癸酉：二十一日。

⑨ 密州：莒犁比公，名密州。

古文今解看译文

鲁襄公三十一年春，周历正月。夏六月二十八日，鲁襄公在楚宫去世。秋九月十一日，子野去世。十七日，仲孙羯去世。冬十月，滕成公来鲁国参加鲁襄公葬礼。二十一日，安葬鲁襄公。十一月，莒国人杀害了他们的国君密州。

· 子产坏晋馆垣 ·

左传

知人论世聊背景

　　子产是春秋时期郑国杰出的政治家。子产陪同郑简公到晋国朝聘，晋国对郑国轻慢无礼，提供的宾馆简陋狭窄，使郑国带去纳贡的礼物无法安置。子产下令拆毁宾馆的墙垣，使车马得以进馆。当晋平公派士文伯责问时，子产不卑不亢地亮明自己的态度，针锋相对，义正词严。子产的言辞和表现令赵文子和晋平公也为之折服，他们向子产谢罪，并对郑简公提高了礼仪规格。

《左传》故事解《春秋》

　　鲁襄公去世的那个月，子产辅佐郑简公到晋国去，晋平公由于鲁国有丧事而没有接见他们。子产派人将馆驿的围墙全部拆毁，把车马都赶进馆舍。士文伯责备他，说："我国由于政事和刑罚不够完善，以至于到处都是盗贼，不知道如何保证来我国聘问的诸侯属官的安全，因此派官吏修缮宾客所住的馆舍，将大门建得高一些，围墙筑得厚一些，以使宾客无忧。现在您拆毁了它，虽然您的随从能够做好警戒，可是别国的宾客怎么办呢？由于我国是盟主，所以修缮围墙，用来接待宾客。如果都拆毁了，那么将拿什么满足宾客的需要呢？我们国君派我前来请问您拆墙的意图。"

　　子产回答说："由于我国地方狭小，夹在大国之间，而大国需索贡品又没有一定的时间，因此不敢安居，尽量搜索本国的财富，以便随时拿来参加朝会。碰上你们没有空闲，而没有能够见到国君，又得不到命令，不知道什么时候才能被接见。我们既不敢献上财物，也不敢让它承受日晒夜露。如果奉献，那么它就是国君府库中的财物了，不经过在庭院里陈列的仪式，我们不敢上贡。如果让它日晒夜露，那又害怕时而干燥时而潮湿导致腐朽损坏，以加重敝国的罪过。我听说晋文公做盟主的时候，宫室矮小，没有可供观览的台榭，却把接待诸侯的宾馆修得又高又大，宾馆好像君王的寝宫一样。对宾馆内的库房、马厩都加以修缮，司空及时整修道路，泥瓦工按时粉刷墙壁，诸侯的宾客来了，甸人在院子里点起火把，仆人巡逻宫馆。车马有安置的场所，宾客的随从有专人替代，管理车子的官员为车轴上油，管扫洒的隶人、牧羊人、养马人各自做好分内的事情。各部官吏各自陈列他们的礼品。晋文公不让宾客耽搁，也没有失礼的事情；与宾客忧乐与共，有意外情况就加以安抚；对宾客不知道的加以教导，对宾客缺乏的东西及时补足。宾客来到晋国如归回到家一样，不存在灾患，不怕抢劫偷盗，也不担心干燥潮湿。现在贵国铜鞮山的宫室绵延几里，而把诸

侯安置在像奴隶住的屋子里，大门进不去车子，又不能翻墙而入。盗贼公然横行，瘟疫又不能防止。宾客觐见诸侯没有一定的时间，君王接见的命令也不知道什么时候才能发布。如果还不拆毁围墙，就会因没有地方收藏财礼而加重我们的罪过。敢问执事，对我们有什么指示？虽然贵国国君遇到鲁国的丧事，但这同样也是敝国的忧虑。如果能够奉上财礼，我们愿把围墙修好了再离开，这就是君王的恩惠了，岂敢害怕修墙的辛勤劳动？"文伯回到朝廷汇报。赵文子说："子产的话有道理。我们德行欠缺，用容纳奴隶的房屋去接待诸侯，这是我们的罪过。"就派士文伯去表示歉意。

晋平公接见郑简公，礼仪有加，宴会更加隆重，赠送更加丰厚，然后让他们回去。之后新建了接待诸侯的宾馆。叔向说："外交辞令不能废弃就是像这样的吧！子产善于辞令，诸侯因他而得利，为什么要放弃辞令呢？《诗》说：'辞令和谐，百姓团结；辞令动听，百姓安定。'子产已经懂得这个道理了。"

—• 子产论尹何为邑 •—

知人论世聊背景

　　本篇讲述的是子产说服子皮不要任命年轻家臣治理他的封邑的事情。子产通过形象生动的比喻向子皮阐明对没有管理经验的年轻人委以重任的危害，建议让尹何积累了丰富的知识和经验后再从政。

《左传》故事解《春秋》

　　子皮想让尹何治理自己的封邑。子产说："尹何太年轻，不知能否胜任。"子皮说:"这个人忠厚谨慎,我喜爱他,他一定不会背叛我的。让他去学习一下,就会更加懂得治理政事的方法。"子产说:"这样不行。假如真正喜爱一个人,总是希望对他有利。现在您喜爱一个人,就想让他来管理政事,这就如同让一个还不会拿刀的人去割肉一样,多半会伤害自己。您所谓的爱人,只会伤害他,那么以后谁还敢求得您的喜爱呢?您对于郑国来说是栋梁,栋梁折断了,屋椽自然要崩塌,我也会被压在屋子底下,因此怎敢不把自己的全部想法说出来?譬如您有一块美丽的锦缎,您一定不肯让人用它来练习剪裁衣服。担任大官、治理大邑,

这些都是人们身家性命之所寄托的，却让正在学习的人去治理。高的官职、大的封邑与美丽的锦缎相比，不是更加贵重吗？我只听说过学好了然后才去管理政事，却没听说过就用治理政事的方式来让他学习的。如果真这么做，一定会受到危害。比方说打猎，熟悉了射箭、驾车，才能猎获禽兽；假若从来就没有登过车、射过箭和驾过车，总是担心车翻被压，那么，哪里还顾得上猎获禽兽呢？"

子皮说："说得太好了！我实在不够机敏。我听说过，君子总是努力使自己懂得那些重大的、长远的事务，小人总是使自己懂得那些微小的、眼前的事情。我是个目光短浅的人啊。衣服穿在我身上，我是知道加以爱惜的；高的官职、大的封邑，这是身家性命所寄托的，我却认为是遥远的事情而忽视它。假如没有您这番话，我是不会明白的。从前我说过，您治理郑国，我治理我的封地，在您的荫庇之下，还是可以把封地治理好的。从现在起才知道，这样做还是不够的。从今以后请您允许我，就是治理我的封地，也要听您的意见行事。"子产说："人心的不同，就像人的面貌各不相同一样，我怎敢说您的面貌同我的一样呢？不过是我认为危险的事情，所以就告诉您了。"子皮认为子产是个忠诚的人，所以就把郑国的政事委托给他，子产也因此能够治理郑国。

第十篇

昭公

　　鲁昭公名裯，一作稠，是鲁襄公的儿子，母亲为齐归。公元前 541 年即位，时年十九岁。鲁昭公在位三十二年，前二十五年在本国，后八年先后寄居于齐国和晋国。于公元前510 年死于晋国。鲁昭公时期，鲁国国政被季孙氏把持，鲁昭公没有治国才能，对内有贤臣不任用，不理国事，对外失信于诸侯，最终被赶出国门，客死他乡。这一时期，诸侯普遍呈现公室衰败的局面，各国经常出现内乱。周王室也更加没落，甚至出现周天子数年不能安居于王城的情况。

昭公元年

 **抑扬顿挫读《春秋》**

　　元年春①，王正月，公即位。叔孙豹会晋赵武、楚公子围、齐国弱、宋向戌、卫齐恶、陈公子招、蔡公孙归生、郑罕虎、许人、曹人于虢②。三月，取郓。夏，秦伯之弟铖出奔晋。六月丁巳③，邾子华卒④。晋荀吴帅师败狄于大卤⑤。秋，莒去疾自齐入于莒⑥。莒展舆出奔吴。叔弓帅师疆郓田⑦。葬邾悼公。冬十有一月己酉⑧，楚子麇卒⑨。楚公子比出奔晋⑩。

字斟句酌查注释

　　①元年：鲁昭公元年，即周景王四年，公元前541年。

　　②虢：指东虢，为周文王的弟弟虢叔所封，后被郑国所灭。周平王即将此地封给郑国。故城在今河南省郑州市。

　　③丁巳：初九日。

　　④邾子华：邾悼公，名子华。

　　⑤大卤：古代地名，在今山西省太原市西南。

　　⑥莒去疾自齐入于莒：去疾在上一年逃往齐国，这是因为莒国国内展舆杀害了莒君而自立。这一年，去疾返回莒国。

　　⑦叔弓帅师疆郓田：鲁国在这一年春天占领郓，接着为郓地的田地划定界限。

　　⑧己酉：初四日。

⑨楚子麇（jūn）：楚王郏敖。

⑩楚公子比出奔晋：楚公子围杀了楚王郏敖，因此公子比逃往晋国。

 古文今解看译文

鲁昭公元年春，周历正月，鲁昭公即位。叔孙豹和晋国赵武、楚国公子围、齐国国弱、宋国向戌、卫国齐恶、陈国公子招、蔡国公孙归生、郑国罕虎、许国人、曹国人相会于虢。三月，鲁国占领郓地。夏，秦景公的弟弟铖逃亡到晋国。六月初九，邾悼公子华去世。晋国荀吴率兵在大卤击败狄人。秋，莒国公子去疾从齐国返回莒国。莒国展舆逃亡到吴国。叔弓率兵划定郓地田地的界限。安葬邾悼公。冬十一月初四，楚王郏敖去世。楚国公子比逃亡到晋国。

 ───── • **子产却楚逆女以兵** • ─────

知人论世聊背景

鲁昭公元年，楚国公子围打算借着聘使郑国的时机袭击郑国，这个阴谋被郑国的子产发现。子产通过对楚国使团的巧妙安排，把他们的诡计揭穿，迫使他们取消了原来的计划。

《左传》故事解《春秋》

鲁昭公元年春天，楚国公子围到郑国聘问，同时迎娶公孙段家的女儿。楚国大夫伍举担任副使。他们正准备住进城内宾馆，郑国人感觉他们不怀好意，便派行人子羽同他们谈话，让他们住在城外的馆舍。

公子围一行人向郑国举行了聘问的礼仪后，就准备带领军队前去迎

亲。郑国的子产担心这件事，就让子羽前去推辞，说："由于敝国地方狭小，容纳不下随行的人，请允许我们在城外修整清除祭祀的地面，为你们举行婚礼，并且听从您的命令。"公子围派太宰伯州犁回答说："贵国国君给我们大夫围恩惠，对围说将要让丰氏的女儿嫁给他做妻子。为此，公子围摆设了祭筵，在楚庄王、楚共王的宗庙视告后才到你们这里。如果在野外赐予成亲，这是将君王的赏赐抛弃在草丛里，这就使我国大夫围不能置身于卿大夫的行列中了。不仅如此，更使公子围欺骗自己的先君，将不能再担任我们国君的大臣，恐怕也无法向我们国君复命了。希望大夫考虑这件事。"子羽说："小国没有罪，只依赖大国而不加防备才真正是它的罪过。小国本来打算依赖大国而安定自己，又恐怕他们包藏祸心来图谋自己。敝国唯恐小国失去依赖，致使诸侯心怀戒备，使他们没有谁不怨恨大国，抗拒违背君王的命令，从而使大国的命令受阻塞而无法施行。如果不是这个原因，敝国是替贵国看守馆舍的，岂敢爱惜丰氏的宗庙而不让入内？"

伍举知道郑国对他们已经有所防备，就请求让军队倒垂着箭囊入城。郑国答应了他们的请求。

昭公十二年

抑扬顿挫读《春秋》

十有二年春①，齐高偃帅师纳北燕伯于阳②。三月壬申③，郑伯嘉卒④。夏，宋公使华定来聘。公如晋，至河乃复⑤。五月，葬郑简公。楚杀其大夫成熊。秋七月。冬十月，公子慭出奔齐。楚子伐徐。晋伐鲜虞⑥。

字斟句酌查注释

①十有二年：鲁昭公十二年，即周景王十五年，公元前530年。

②高偃：齐国大夫，齐文公之子公子高的后裔。阳：即唐，古代地名，在今河北省顺平县西。

③壬申：二十七日。

④郑伯嘉：郑简公，名嘉。

⑤公如晋，至河乃复：晋国拒绝接见鲁昭公，鲁昭公到了黄河返回。

⑥鲜虞：白狄的分支之一，在今河北省正定县以北。

古文今解看译文

鲁昭公十二年春，齐国高偃率兵将北燕伯款护送到阳地。三月二十七日，郑简公嘉去世。夏，宋元公派华定前来鲁国聘问。鲁昭公前往晋国，到了黄河边就返回了。五月，安葬郑简公。楚国杀了他们的大夫成熊。秋七月。冬十月，公子慭逃亡到齐

国。楚灵王讨伐徐国。晋国讨伐鲜虞人。

左传 ——·子革对灵王·——

知人论世聊背景

　　楚灵王是个贪婪、残暴、荒唐的国君。他即位后，楚国多次与吴国交战，先后灭了陈、蔡两个国家，又修筑了东、西不羹两座大城，打算号令中原，成为霸主。楚国多次征战，楚灵王不思稳固政权基础，反而再次出兵与吴国争夺徐国。楚灵王的野心愈发膨胀，不肯听取劝谏，子革却顺着他，三问三答，都随声附和，旁观者皆嫌弃。其实，这是子革的欲擒故纵之计，他选择时机，引用周穆王的故事，一下击中楚灵王的要害，使他内心震动，坐卧不安。

《左传》故事解《春秋》

　　楚灵王在州来进行冬猎，驻扎在颍尾，派荡侯、潘子、司马督、嚣尹午、陵尹喜带兵包围徐国以威胁吴国。楚灵王驻在乾溪，作为他们的后援。天下着雪，楚灵王头戴皮帽子，身穿秦国的羽衣，披着翠羽披肩，脚穿豹皮鞋，手执鞭子走了出来，仆析父作为随从。右尹子革晚上去朝见，楚灵王接见他，脱去帽子、披肩，放了鞭子，和他说："从前我们先王熊绎和吕伋、王孙牟、燮父、伯禽一起事奉康王，齐、晋、鲁、卫四国都被分别赐予了宝器，唯独我国没有。要是我现在派人出使周朝，请求把鼎作为宝器赏赐给我们，周天子会给我吗？"子革回答说："会给君王的啊！从前我们先王熊绎住在偏僻的荆山，乘柴车、穿破衣以开辟丛生的杂草，跋山涉水以事奉天子，只能用桃木弓、枣木箭作为奉献天子的贡品。齐国国君是天子的舅父，晋国和鲁国、卫国，是天子的同胞兄弟。楚国因此没有得到赏赐，而他们却有，现在是周朝和四国顺服事奉君王了，将会听从您的命令，怎么会舍不得鼎呢？"楚灵王说："以前我们的皇祖伯父昆吾居住在许国故地。现在郑国人贪图这里的土地，不肯还给我们。如果我们要求归还，他们会给我们吗？"子革回答说："会给君王的啊！周朝不爱惜鼎，郑国还敢舍不得土地？"楚灵王说："从前诸侯疏远我国而害怕晋国，现在我们修筑陈国、蔡国、不羹城的城墙，每地都有战车一千乘，您是有功劳的。诸侯会害怕我们了吧？"子革回答说："会害怕君王啊！光是这四座城邑，就足够使人害怕了。再加上楚国全国的力量，岂敢不怕君王呢？"

工尹路请求说："君王命令剖开圭玉以装饰斧柄，谨请发布命令。"楚灵王走进去察看。析父对子革说："您是楚国有名望的人，现在和君王说话却随声附和，这样的话，国家将怎么办？"子革说："我磨快了刀刃等着，君王出来，我的刀刃就将砍下去了。"楚灵王出来，又和子革说话。左史倚相快步走过，楚灵王说："这个人是好史官，您要好好看待他，这个人能够读《三坟》《五典》《八索》《九丘》。"子革回答说："下臣曾经问过他。从前周穆王想要放纵自己的私心，周游天下，想要让天下到处都有他的车辙和马迹。祭公谋父作了《祈招》来阻止周穆王的私心，因此周穆王得以在祇宫中善终。下臣问他这首诗，他都不知道。如果问更远的事情，他哪里能知道？"楚灵王说："您能知道吗？"子革回答说："能。这首诗说：'祈招安祥和悦，表现有德者的声音。想起我们君王的风度，好像玉、好像金一般温润坚强。保全百姓的力量，而没有醉饱一样的贪心。'"楚灵王向子革作揖，便走了进去，饭吃不下，觉也睡不着，有好几天，不能克制自己，所以遭到祸难。

孔子说："古时候有话说：'克制自己回到礼仪上，这就是仁。'真是说得好啊！楚灵王如果能够这样，哪里还会在乾溪受到羞辱呢？"

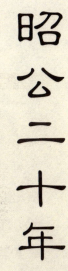

昭公二十年

抑扬顿挫读《春秋》

二十年春①，王正月。夏，曹公孙会自鄸出奔宋②。秋，盗杀卫侯之兄絷③。冬十月，宋华亥、向宁、华定出奔陈。十有一月辛卯④，蔡侯卢卒⑤。

字斟句酌查注释

①二十年：鲁昭公二十年，即周景王二十三年，公元前522年。

②公孙会：曹宣公的孙子，子威的儿子。公孙会背叛曹国，逃往宋国。鄸：曹国地名，在今山东省曹县。

③盗：指卫国司寇齐豹。絷：卫灵公的哥哥，字公孟，名絷。

④辛卯：初七日。

⑤蔡侯卢：蔡平侯。

古文今解看译文

鲁昭公二十年春，周历正月。夏，曹国公孙会自鄸地逃亡到宋国。秋，盗贼齐豹杀害了卫灵公的哥哥絷。冬十月，宋国华亥、向宁、华定逃亡到陈国。十一月初七，蔡平公卢去世。

·子产论政宽猛·

知人论世聊背景

　　郑国子产临终前，把国事交给太叔，还嘱托太叔治理国家的时候不要过于宽厚仁慈，该严厉的时候就要严厉。太叔执政后，不忍心对老百姓施行严厉的政策，以宽厚治国，结果反而弄得郑国盗贼四起。太叔这才想起子产的遗嘱，于是派兵剿灭盗匪，郑国的治安才好了许多。孔子听说这件事后，发表了一番议论，说治理国家应该宽厚和严厉并举，只有宽猛并济，国家才能安定。

《左传》故事解《春秋》

　　郑国的子产生了病，他对太叔说："我死了以后，您肯定会执政。只有有德行的人才能够用宽和的方法来使百姓服从，不然就不如用严厉的方法。火猛烈，百姓一看见就害怕，所以很少有人死在火里；水柔弱，百姓亲近而在其中玩耍，因此有很多人死在水里。所以，施行宽和的政策很难。"子产病了几个月之后就去世了。

　　太叔执政，不忍心施行猛政因而采用宽政。郑国的盗贼很多，聚集在萑苻泽里劫掠过往行人。太叔得知后感到后悔，说："要是我早听子产的话，就不会到这种地步了。"于是，他派步兵去攻打萑苻泽的盗贼，把他们全部杀了，盗贼才稍稍有所收敛。

　　孔子说："好啊！施政宽和，百姓就怠慢，百姓怠慢就用猛政来加以纠正。施政严厉，百姓就会受到摧残，百姓受到摧残就施以宽政。用宽政来弥补猛政的缺失，用猛政来弥补宽政的缺失，政事因此而和谐。《诗经》上说：'百姓辛劳，可使安康；加惠中原，安抚四方。'这就是施行宽政。'不能放纵小恶,以此来管束心存不良的人。制止掠夺暴虐的行为,那些为非作歹的人向来残忍而不惧法度。'这是用猛政来纠正宽政的缺失。这首诗又说:'安抚边远的地方,统治好自己周边的地方,以此来安定我王室。'这是用平和的政治来安定国家。诗中又说:'不急不缓,不刚不柔;施政宽和,各种福禄就会聚集。'这是和谐到了极点。"等到子产去世,孔子得到了消息,流着眼泪说:"子产继承了古人仁爱的遗风呀!"

·伍子胥奔吴·

左传

知人论世聊背景

　　在费无极屡进谗言和不断挑拨之下，伍子胥的父亲和兄长都被楚王杀害，伍子胥出逃到吴国。伍子胥在吴国辅佐吴王阖闾，终于帮助吴国在鲁定公四年的柏举之战中攻入郢都，报了杀父之仇。

《左传》故事解《春秋》

　　楚平王在蔡国的时候，郧阳封人的女儿私奔到他那里，生了太子建。等到楚平王即位，派伍奢（伍子胥的父亲）做太子的太傅，费无极做少师。费无极得不到太子建的宠信，便到楚平王那里诬陷他，说："建可以娶妻了。"楚平王为太子在秦国行聘，费无极参加迎娶，劝楚平王自己娶秦女。正月，楚平王的夫人嬴氏从秦国来到楚国。

　　夏，楚平王发动水军进攻濮地。费无极对楚平王说："晋国称霸诸侯的时候，接近中原诸国，而楚国偏僻简陋，所以不能和它争夺，如果扩大城父的城墙，让太子驻守那里，用来和北方通好，君王收取南方，即可获取天下。"楚平王很高兴，听从了他的话，所以太子建住在城父。

　　令尹子瑕到秦国聘问，这是为了拜谢秦国把夫人嫁给楚国。

　　费无极对楚平王说："太子建和伍奢将要领着方城山外的百姓叛乱，自以为如同宋国、郑国一样，齐国、晋国又一起辅助他们，将会危害楚国，这件事情他们快要得手了。"楚平王相信了这些话，就去质问伍奢。伍奢回答说："君王犯一次过错就已经很严重了，为什么依旧听信谗言？"楚平王逮捕了伍奢，派城父司马奋扬去杀太子建。奋扬还没有到达，先派人通知太子逃走。三月，太子建逃亡到宋国。楚平王召回奋扬，奋扬让城父大夫把自己押送到郢都。楚平王说："话从我的嘴里说出去，进到你的耳朵里，是谁告诉建的？"奋扬回答说："是下臣告诉他的。君王命令我说'事奉建要像事奉我一样'。下臣不才，不能存有二心。奉了起初的命令去对待太子，就不忍心执行您后来的命令，所以要他逃走了。不久我后悔了，但也来不及了。"楚平王说："你敢回来，究竟是因为什么？"奋扬回答说："被派遣而没有完成使命，召见我而不回来，这是两次违背命令，而且我也无处可逃。"楚平王说："你还是回去吧，就和以前那样履行政务。"

费无极说："伍奢的儿子有才能，如果在吴国，必定会成为楚国的祸患，何不用赦免他们父亲的办法召回他们。他们为人仁爱，一定会回来的。不这样，将要成为大患。"楚平王派人召回他们，说："回来吧，我将赦免你们的父亲。"棠邑大夫伍尚对他的兄弟员（伍子胥）说："你去吴国吧，我准备回去接受死罪。我的才智不如你，我能够死，你能够报

仇。听到赦免父亲的命令，不能不回去。亲人被杀戮，不能不报仇。回去使父亲得到赦免，这是孝；估计功效而后行动，这是仁；选择任务而前去，这是明智；明知要死而不躲避，这是勇敢。父亲不能丢掉，名誉不能废弃，你要好好努力！愿你能听从我的话。"伍尚回去了。伍奢听说伍员不来，说："楚国的国君、大夫恐怕不能准时吃饭了！"楚国人把他们都杀了。

伍子胥逃到吴国，向吴王僚说明进攻楚国的利益。公子光说："这个人的家族被杀戮了，他这是想要报私仇，不能听他的。"伍子胥说："公子光将有别的志向，我姑且为他寻求勇士，而在郊外等着他。"于是就推荐了鱄设诸，自己则在边境上种地。

昭公二十六年

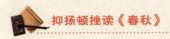 抑扬顿挫读《春秋》

二十有六年春①，王正月，葬宋元公。三月，公至自齐，居于郓。夏，公围成②。秋，公会齐侯、莒子、邾子、杞伯，盟于鄟陵③。公至自会，居于郓。九月庚申④，楚子居卒⑤。冬十月，天王入于成周。尹氏、召伯、毛伯以王子朝奔楚⑥。

 字斟句酌查注释

①　二十有六年：鲁昭公二十六年，即周敬王四年，公元前516年。

②　公围成：齐军与鲁昭公军队围攻鲁国成邑。

③　鄟陵：古代地名，今地不详。

④　庚申：初九日。

⑤　楚子居：即楚平王，名居。

⑥　王子朝：名朝，周景王庶长子。周景王死后，王子朝和即位的嫡长子猛争夺王位，后晋国攻打王子朝，王子朝逃往楚国。

 古文今解看译文

鲁昭公二十六年春，周历正月，安葬宋元公。三月，鲁昭公从齐国回来，居住在郓地。夏，鲁昭公围攻成邑。秋，鲁昭公与齐景公、莒郊公、邾庄公、杞悼公相会，在鄟陵结盟。鲁昭公从鄟陵会盟回来，居住在郓地。九月初九，楚平王熊居去世。

冬十月，周敬王进入成周。尹氏、召伯、毛伯奉王子朝逃往楚国。

· 王子朝告诸侯 ·

> 王子朝是周景王的庶长子。鲁昭公二十二年（公元前 520 年），周景王死，国人立嫡子猛。王子朝和猛争夺王位，晋国出兵帮助猛，不久猛死，立其弟匄，是为周敬王。第二年，王子朝攻入王城，周敬王居住在泽邑。面对王子朝的作乱，周敬王在鲁昭公二十六年起兵，王子朝携带周的典籍逃往楚国。王子朝向诸侯告知情况，为自己辩解。

《左传》故事解《春秋》

王子朝派人报告诸侯说：

从前武王战胜殷商，成王安定四方，康王休养百姓，一起分封同母兄弟为诸侯，以此作为周朝的屏障，还说："我不能独自安享文王、武王的功业，同时也是为了后代一旦荒淫败坏而陷入危难时，可以得到拯救。"到了夷王，他恶疾缠身，诸侯无不走遍境内的名山大川，为夷王的健康祈祷。到厉王时，他的内心乖张暴虐，百姓不能忍受，就让他住到彘地去。诸侯各自离开他们的职位，来参与王朝的政事。宣王有智慧，诸侯就把王位奉还给了他。到了幽王，上天不保佑周朝，天子昏乱不贤，因此失去王位。携王违背天命，诸侯废黜了他，另立王位继承人，然后迁都到郏鄏。这就是由于兄弟们为王室出力的缘故啊。到了惠王，上天不使周朝安定，使王子颓滋生祸心，并影响到叔带，使他也背叛了王室。

惠王、襄王出逃避难，离开了国都。这时候就有晋国、郑国出兵勤王驱走奸人，安定王室。这是由于兄弟们奉行先王的命令。定王六年，秦国人中降下妖人，他预言："周朝会有一个长胡子的天子，他能够完成自己的职分，使诸侯顺服而享有国家，两代谨守自己的职分。王室中有人觊觎王位，诸侯如果不为王室图谋，则会受其祸乱。"到了灵王，生下来就有胡子，他十分神奇聪明，对诸侯没有做什么恶事。灵王、景王都能善始善终。

现在王室动乱，单旗、刘狄扰乱天下，倒行逆施，他们扬言："先王即位哪里有什么常规？我想立谁就立谁，谁敢声讨？"他们带领一群恶人，在王室中作乱。他们贪心不足，贪求无度，一贯亵渎鬼神，轻慢蔑视刑法，违背盟约，藐视礼仪，违背先王。晋国无道，对他们支持赞助，想要放纵其永不满足的欲望。现在我动荡流离，逃亡在荆蛮之地，没有归宿。如果诸侯能顺应上天法度，不帮助不法之徒，而听从先王的命令，不招致上天的惩罚，除去我的忧愁，那是我所希望的。谨此尽情披露我的内心想法和先王命令，希望诸侯三思。

从前，先王的命令说："王后没有嫡子，就立长子。年纪相当就根据德行，德行相当就由占卜决定。"天子不立自己偏爱的人，公卿没有私心，这是自古以来的制度。穆后和太子寿早年去世，单、刘二人私自立了年幼者，违反了先王的命令。请诸侯好好思考！

闵马父听到王子朝的说辞，说："文辞是用来实行礼的。王子朝违背景王的命令，疏远晋国这样的大国，一心想做天子，真是无礼至极，这番说辞又有什么用呢？"

昭公二十七年

 抑扬顿挫读《春秋》

二十有七年春①，公如齐②。公至自齐，居于郓。夏四月，吴弑其君僚③。楚杀其大夫郤宛。秋，晋士鞅、宋乐祁犁、卫北宫喜、曹人、邾人、滕人会于扈。冬十月，曹伯午卒④。邾快来奔⑤。公如齐。公至自齐，居于郓。

 字斟句酌查注释

①二十有七年：鲁昭公二十七年，即周敬王五年，公元前515年。

②公如齐：鲁昭公自郓前往齐国。

③吴弑其君僚：吴公子光刺杀了吴王僚。

④曹伯午：曹悼公，名午。

⑤邾快：邾国大夫。

 古文今解看译文

鲁昭公二十七年春，鲁昭公前往齐国。鲁昭公从齐国归来，住在郓地。夏四月，吴国杀死他们的国君僚。楚国杀死他们的大夫郤宛。秋，晋国士鞅、宋国乐祁犁、卫国北宫喜、曹国人、邾国人、滕国人在扈地相会。冬十月，曹悼公午去世。邾快逃亡鲁国。鲁昭公再次前往齐国。鲁昭公从齐国归来，住在郓地。

· 鱄设诸刺杀吴王僚 ·

知人论世聊背景

　　伍子胥逃往吴国后，知道吴公子光有二心，决意要助他一臂之力，于是推荐鱄设诸来帮助公子光完成大事，引出鱄设诸刺杀吴王僚。鱄设诸在戒备森严的情况下成功刺杀吴王僚，帮助公子光夺取了王位。

《左传》故事解《春秋》

　　吴王想要借着楚国办丧事的机会去攻打对方，就派公子掩余和公子烛庸领兵包围潜地，派季子到中原各国聘问，首先派季子到晋国聘问，以观察诸侯的态度。楚国的莠尹然、工尹（即王尹）麇领兵救援潜地，左司马沈尹戌率领都邑亲兵和王马的部属增援前方部队，和吴军在穷地相遇。令尹子常带着水军到了沙汭之后就班师回去。左尹郤宛、工尹寿领兵到达潜地，吴军受阻，无法撤退。

　　吴国的公子光说："现在是大好机会，不能失去了。"他告诉鱄设诸："中原的国家有句话说：'不去寻求，哪里能够得到王位？'我是王位的继承人，我想得到它。事情如果成功，季札即便回来，也不能废掉我。"鱄设诸说："吴王，我可以杀掉，但是我母亲老了，儿子还小，如果我死了他们怎么办？"公子光说："我，就是你。"

　　夏四月，公子光在地下室埋伏甲士而又设飨礼来招待吴王。吴王让甲士坐在道路两旁，一直到公子光家的门口。大门、台阶、内室门、酒席边，都是吴王的亲兵，他们手持短剑护卫在吴王两旁。上菜的人在门外要先脱光衣服再换上别的衣服。端菜的人膝行而入，持剑的人用剑夹着他，剑尖几乎碰到身上，然后才递给上菜的侍者。公子光假装脚有疾病，躲进了地下室。鳟设诸把剑放在鱼肚子里然后进入，抽出剑猛刺吴王，两旁亲兵的短剑也交叉刺进了鳟设诸的胸膛，结果吴王僚还是被刺死了。公子光称王，即吴王阖闾，他让鳟设诸的儿子做了卿。

　　季札回到吴国，说："如果先君没有废弃祭祀，百姓没有废弃君主，社稷之神有人奉献，国家和家族没有颠覆，他就是我的国君，我又敢怨恨谁呢？我将哀痛死者而事奉生者，以等待天命。不是我发起了动乱，谁被立为国君，我就服从谁，这是祖先的常法。"于是，他到吴王僚坟墓前哭泣复命，回到自己原来的职位上等待命令。吴国公子掩余逃往徐国，公子烛庸逃往钟吾。楚军听说吴国发生了动乱就收兵返回了。

·费无极谮杀郤宛·

左传

知人论世聊背景

楚国的费无极是个阴险小人。鲁昭公二十年，他陷害太子建和伍奢，后来又陷害郤宛。自此，楚国内乱频繁。费无极通过花言巧语、中伤挑拨、无中生有等卑劣手段，来除掉他眼中的仇敌，达到自己的目的。当然，楚王也非常糊涂，致使费无极的诡计数次得逞。费无极的倒行逆施终于引起了国人的众怒，他最后也被诛杀。

《左传》故事解《春秋》

郤宛正直而和善，受到国人的爱戴。鄢将师做右领，和费无极勾结，狼狈为奸，并且憎恨郤宛。令尹子常贪求财物而好听信谗言，费无极就诬陷郤宛，对子常说："郤宛要请您喝酒。"又对郤宛说："令尹要到您家里去喝酒。"郤宛说："我是个地位卑贱的人，不足以让令尹到我这里来。令尹如果真想前来，那赐给我的恩惠就太大了。我没有什么东西可以回报的，怎么办？"费无极说："令尹喜欢皮甲武器，您拿出来，我来挑选。"费无极选取了五领皮甲、五种武器，说："放在门口，令尹到来，一定会看见它们，就可以乘机献给他。"等到举行飨礼的那一天，郤宛把皮甲武器放在门边的帐幔里，费无极对令尹说："我差点儿害了您。郤宛打算对您下毒手，皮甲和武器都放在门口了，您千万不可前去！况且这次潜地的战役，本来楚国可以得胜，郤宛接受了贿赂而撤军，又误导了将领们，让他们退了兵，说'乘人动乱而进攻，这是不吉利的。'吴国乘我国举办丧事时举兵，我们乘他们动乱时出击，不也是可以的吗？"令尹派人到郤宛家里查看动静，果然在门口看到了皮甲和武器。令尹不去郤宛家了，便召见鄢将师，并把情况告诉他。鄢将师退下之后，就下令攻打郤氏，并且要火烧郤氏。郤宛听到消息，就自杀了。民众不肯放火烧房，鄢将师下令说："不烧郤宛家的，和他一同治罪。"有人拿着一张席子，有人拿着一把稻草，民众都把这些东西扔掉了，因此火没有烧起来。令尹派人烧了郤家，把郤氏的族人、亲属全都诛灭，还杀了阳令终和他的弟弟完、佗，以及晋陈和他的子弟。晋陈的族人在国都里喊叫说："鄢氏、费氏以君王自居，专权而祸乱楚国，削弱孤立王室，蒙蔽君王和令尹来为自己牟利。令尹全都相信他们了，国家将要怎么办？"令尹听了后十分担忧。

楚国郤宛的祸难，使国内怨声载道，凡是有资格分胙肉的人无不指责令尹。沈尹戌对令尹子常说："左尹（郤宛）和中厩尹（阳令终），没

有人知道他们的罪过，而您杀了他们，招致指责，到现在也没有停止。我感到十分困惑：仁爱的人用杀人来掩盖指责，尚且不能这样做。现在您杀了人来招致指责，而不考虑补救办法，不也很奇怪吗？况且那个费无极是楚国的奸佞小人，民众没有不知道的。他除掉朝吴，赶走蔡侯朱，使楚国丧失太子建，杀害连尹伍奢，蒙蔽君王的耳目，让他听不清，看不明。如果不是这样，楚平王温和仁慈，恭敬节俭，有超过楚成王、楚庄王而没有不及他们的地方。他之所以还得不到诸侯的拥戴，就是因为接近了费无极。现在又杀了三个无罪的人，招致了极大的指责，几乎要拖累您了。而您不去想办法，那还用您这位令尹干什么？鄢将师假传您的命令，消灭了三个家族。这三个家族，都是国家杰出的良材，在位时没有过错。吴国新近立了国君，边境局势一天比一天紧张。楚国如果发生战事，您可就危险了！聪明人消除诐媚者来使自己安定，现在您喜欢谗人来使自己危险，您昏庸得也太过分了！"令尹子常说："这确实是我的罪过，怎么敢不好好思考一下！"九月十四日，令尹子常杀了费无极和鄢将师，把他们宗族给灭了，国人拍手称快，于是指责的言论终于停息了。

定公

　　鲁定公名宋，是鲁襄公的儿子、鲁昭公的弟弟。公元前 509 年即位，公元前 495 年去世。鲁定公在位期间，国家大权依然被季孙氏把控。鲁国自鲁僖公以来一直归顺晋国。而在鲁定公时期，晋国国内大夫专权，出现分裂，诸侯多反叛。定公十一年，鲁国背叛晋国。之后，鲁国逐渐与齐、郑、卫等国交好。

定公四年

春秋

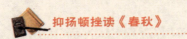

抑扬顿挫读《春秋》

四年春①，王二月，癸巳②，陈侯吴卒③。三月，公会刘子、晋侯、宋公、蔡侯、卫侯、陈子、郑伯、许男、曹伯、莒子、邾子、顿子、胡子、滕子、薛伯、杞伯、小邾子、齐国夏于召陵，侵楚。夏四月庚辰④，蔡公孙姓帅师灭沈，以沈子嘉归，杀之。五月，公及诸侯盟于皋鼬⑤。杞伯成卒于会⑥。六月，葬陈惠公。许迁于容城⑦。秋七月，公至自会。刘卷卒⑧。葬杞悼公。楚人围蔡。晋士鞅、卫孔圉帅师伐鲜虞。葬刘文公。冬十有一月庚午⑨，蔡侯以吴子及楚人战于柏举⑩，楚师败绩。楚囊瓦出奔郑。庚辰⑪，吴入郢。

字斟句酌查注释

① 四年：鲁定公四年，即周敬王十四年，公元前506年。

② 癸巳：初六日。

③ 陈侯吴：陈惠公，名吴。

④ 庚辰：二十四日。

⑤ 皋鼬：古代地名，在今河南省临颍县南。

⑥ 杞伯成：杞悼公。

⑦ 容城：古代地名，在今河南省鲁山县南。

⑧ 刘卷：周大夫，也称刘文公、刘蚠。

⑨ 庚午：十八日。

⑩ 柏举：古代地名，在今湖北省麻城市东北。

⑪ 庚辰：二十八日。

古文今解看译文

　　鲁定公四年春，周历二月，初六，陈惠公吴去世。三月，鲁定公与刘文公、晋定公、宋景公、蔡昭公、卫灵公、陈怀公、郑献公、许男、曹隐公、莒郊公、邾隐公、顿子、胡子、滕顷公、薛襄公、杞悼公、小邾穆公、齐国大夫夏相会于召陵，侵伐楚国。夏四月二十四日，蔡国公孙姓率兵灭了沈国，将沈国国君嘉押送回国，并杀了他。五月，鲁定公和各路诸侯在皋鼬会盟。杞悼公在盟会时去世。六月，安葬陈惠公。许国迁都到容城。秋七月，鲁定公从盟会上回国。周大夫刘文公卷去世。安葬杞悼公。楚国人包围蔡国。晋国士鞅、卫国孔圉率兵讨伐鲜虞。安葬刘文公。冬十一月十八日，蔡昭公联合吴王阖闾与楚国人在柏举交战，楚国失利。楚国大夫囊瓦逃往郑国。二十八日，吴国军队攻入郢都。

吴破楚入郢

知人论世聊背景

　　鲁定公三年，贪财的楚国令尹子常扣留了蔡国和唐国国君。第二年，吴、蔡、唐联合伐楚。这一战，楚国惨败，吴国人攻入了郢都。楚国大臣申包胥到秦国求援，哭了七天七夜，终于感动了秦哀公，使楚国得到了救援。

《左传》故事解《春秋》

　　鲁定公四年冬，蔡昭公、吴王阖闾、唐惠侯联合攻楚。他们把船停在淮水边上，从豫章进发，和楚军隔着汉水对峙。楚国左司马沈尹戌对令尹子常说："您沿着汉水和他们上下周旋，我带领方城山之外的全部人马来摧毁吴军的战船，回来时再堵塞大隧、直辕、冥陁。这时，您渡过汉水攻击他们，我再从后面夹击，必定把他们打得大败。"两人商量完毕就出发了。楚国武城黑对子常说："吴国战车是木头制的，我们用的是皮革蒙战车，遇雨不能持久，不如快速决战。"史皇对子常说："楚国人讨厌您而喜欢司马。如果沈司马在淮河边上毁掉了吴国的船，堵塞了城口而归，那就是他独享战胜吴军的功劳了。您一定要速战速决，不然将不能免于祸难。"于是，子常就渡过汉水摆开阵势，从小别山直到大别山。同吴军打了三仗，子常发现没有进展，便想逃走。史皇说："平安无事时您争权夺利，国家有了祸难就躲闪逃避，您打算到哪里去？请您一定要拼死作战，以前的罪过必然可以全部免除。"

十一月十八日，吴、楚两军在柏举对阵。吴王阖闾的弟弟夫槩王早晨请示阖闾说："楚国的令尹囊瓦（即子常）不仁，他的部下没有拼死的决心。我们抢先进攻，他们的士兵必定奔逃，然后大部队跟上去，必然得胜。"阖闾不同意。夫槩王说："所谓'臣下合于道义就去做，不必等待命令'，说的就是这种情形。今天我拼命作战，就可以攻进郢都了。"于是，夫槩王带着他的部下五千人率先攻击子常的军马。子常部下奔逃，楚军乱了阵脚，被吴军打得大败。子常逃亡到郑国。史皇在子常的兵车上战死。

吴军追赶楚军一直追到了清发，准备发动攻击。夫槩王说："被围困的野兽还要争斗一番，何况人呢？如果明知免不了一死而拼命，必定会打败我们。如果让先渡过河的楚军知道一过河就可以逃脱，后边的人羡慕先渡河的，楚军就会没有斗志。等到他们渡过一半后就可以攻击了。"吴军照此行事，又击败一次楚军。楚军正在做饭，吴军又赶到了，楚军接着奔逃。吴军吃完楚军逃跑后留下的饭又继续追击，在雍澨打败了楚军。经过五次战斗，吴军到达楚国的郢都。

十一月二十七日，楚昭王带了他妹妹季芈畀我逃出郢都，渡过睢水。尹固和楚王同船，楚昭王让尹固在大象尾巴上点火，使大象冲入吴军之中。

二十八日，吴军进入郢都，按照职位高低的次序分别住在楚国宫室里。吴王阖闾的儿子子山住进了令尹府，夫槩王想要攻击他，子山因害怕而离开了，夫槩王就住进了令尹府。

左司马沈尹戌到达息地就退兵回撤，在雍澨打败吴军，自己也负了伤。当初，左司马曾经做过阖闾的臣下，所以把被吴军俘虏看成羞耻，他对部下说："我死后，你们谁能够让吴国人无法得到我的脑袋？"吴国人句卑说："下臣卑贱，可以担当这任务吗？"司马说："可惜我过去竟然没重视您，您可以的！"在三次战斗中，司马都负了伤，他说："我不中用了。"句卑展开衣裳，割下沈尹戌的脑袋并包裹起来，藏好尸体，带着人头逃走了。

楚昭王渡过睢水，渡过长江，进入云梦泽。楚昭王休息时，一伙强盗袭击了他们，用戈刺击楚昭王。王孙由于用背去挡，被击中了肩膀。楚昭王逃到郧地，钟建背着季芈跟随着。王孙慢慢苏醒过来以后，也跟了上去。郧县县公斗辛的弟弟怀准备杀死楚昭王，说："平王杀了我父亲，我杀死他的儿子，不也是应该的吗？"斗辛说："国君讨伐臣下，谁敢仇恨他？国君的命令是上天的意志。如果死于天命，您还要仇恨谁？《诗》说：'软的不吞下，硬的不吐掉。不欺鳏寡，不畏强暴。'只有仁爱的人才能这样。逃避强暴，欺凌弱小，这不是勇；乘人之危，这不是仁；灭亡宗族，废弃祭祀，这不是孝；行动得不到好的名声，这不是明智。你要是一定这样做，我就先杀死你。"于是，斗辛和他的弟弟斗巢护卫着楚昭王逃亡到随国。吴国人追赶楚昭王，对随国国君说："周朝的子孙中封在汉水一带的，楚国全都灭了他们。上天的意志，降罚于楚国，而您又把楚君藏匿起来。周室有什么罪？您如果顾念并报答周室的恩惠，恩惠延及寡人，以完成上天的心愿，这是您的恩惠，汉水北边的土地，都归您享有。"楚昭王住在随国宫殿的北面，吴军在随国宫殿的南面。子期长得像楚昭王，就到楚昭王那里，穿上了楚昭王的服饰，说："把我交给吴军，君王一定可以脱险。"随国人为交出子期占卜吉凶，得到的结果是不吉利，就辞谢吴国说："随国偏僻狭小，又紧邻楚国，是楚国保全了我们。随、楚世世代代都有盟誓，到今天也没有改变。如果楚国有了危难我国就抛弃它，又怎么能事奉君王？执事所担心的并不在于楚昭王这一

个人，如果对楚国境内加以安抚，我国怎敢不听从您的命令？"于是吴军撤退了。随国的銤金当初在子期氏那里做家臣，曾经和随国人有过约定不要把楚昭王交给吴国人。楚昭王让他觐见，他辞谢，说："不敢因为君王处在困境而谋求私利。"楚昭王割破子期的胸口取血和随国人盟誓。

当初，伍员和申包胥是朋友。伍员逃亡的时候，对申包胥说："我一定要灭了楚国。"申包胥说："尽力吧！您能灭亡楚国，我也一定能复兴楚国。"等到楚昭王在随国避难，申包胥就到秦国去请求出兵，说："吴国如同大猪、长蛇，一再吞食中原国家，为害从楚国开始。我国国君没有守住国家，流亡于荒野，使下臣报告急难，说：'夷人的本性是贪得无厌的，如果吴国成为君王的邻国，那就是秦国边境的祸患。现在吴国还没有平定楚国，君王还可以前去同吴国平分楚国。如果楚国就此灭亡，那么就是君王的土地了。如果我们仰仗君王的威福派兵镇抚楚国，楚国将世世代代事奉君王。'"秦哀公没有答应申包胥的请求，说："我知道您的意见了，您姑且到宾馆休息，我们要商量一下然后答复您。"申包胥回答说："我国国君逃亡到杂草丛林之中，还没有得到安身的地方，下臣哪敢去休息呢？"申包胥靠着院墙站着号啕大哭，日夜哭声不断，七天不喝一口水。秦哀公大为感动，为他诵了《无衣》这首诗。申包胥叩头九次，然后坐下。秦军于是出动。

定公八年

春秋

抑扬顿挫读《春秋》

八年春①，王正月，公侵齐②。公至自侵齐。二月，公侵齐③。三月，公至自侵齐。曹伯露卒④。夏，齐国夏帅师伐我西鄙⑤。公会晋师于瓦⑥。公至自瓦。秋七月戊辰⑦，陈侯柳卒⑧。晋士鞅帅师侵郑，遂侵卫。葬曹靖公。九月，葬陈怀公。季孙斯、仲孙何忌帅师侵卫。冬，卫侯、郑伯盟于曲濮⑨。从祀先公⑩。盗窃宝玉、大弓⑪。

字斟句酌查注释

①八年：鲁定公八年，即周敬王十八年，公元前502年。

②公侵齐：鲁定公攻打齐国。这是对上一年齐国侵犯鲁国西部边境的报复。

③二月，公侵齐：鲁国再次攻打齐国。

④曹伯露：曹靖公，名露。

⑤齐国夏帅师伐我西鄙：齐国大夫国夏率军侵伐鲁国西部边境。

⑥瓦：卫国地名，在今河南省滑县南。

⑦戊辰：初七日。

⑧陈侯柳：陈怀公，名柳。

⑨卫侯、郑伯盟于曲濮：郑国和卫国在曲濮结盟，共同反叛晋国。曲濮，卫国地名，在今河南省滑县与延津县一带。

⑩从祀：按即位的先后次序进行祭祀。先公：指鲁闵公、鲁僖公。

⑪盗：指阳虎。宝玉、大弓：都是鲁国的国宝。

 古文今解看译文

　　鲁定公八年春，周历正月，鲁定公侵伐齐国。鲁定公从讨伐齐国的前线回国。二月，鲁定公再次侵伐齐国。三月，鲁定公从讨伐齐国的前线回国。曹靖公露去世。夏，齐国大夫国夏率兵攻打鲁国西部边境。鲁定公在瓦地会见晋国军队。鲁定公从瓦地回国。秋七月初七，陈怀公柳去世。晋国士鞅率兵侵伐郑国，顺便侵伐卫国。安葬曹靖公。九月，安葬陈怀公。季孙斯、仲孙何忌率兵侵伐卫国。冬，卫灵公、郑献公在曲濮结盟。按照继位顺序祭祀先前的国君鲁闵公、鲁僖公。阳虎窃取了宝玉、大弓。

◆ 晋卫邲泽之盟 ◆

（左传）

知人论世聊背景

　　鲁定公八年（前502年），晋国与卫国在邲泽订立盟约。盟会上，晋国大夫侮辱卫灵公。卫灵公回国后，这一事件激起朝中大夫和国人的愤慨，君臣团结一心，不甘受辱，决定叛离晋国。晋国对此感到畏惧。

《左传》故事解《春秋》

　　晋军将要和卫灵公在邲泽结盟，赵简子说："诸位臣下谁敢去和卫国国君订立盟约的？"涉佗、成何两位大夫说："我们能和他结盟。"盟会上，卫国人请他们两人执牛耳。成何说："卫国，不过和我们晋国的温地、原地差不多，哪里能和诸侯相比？"将要歃血，涉佗推开卫灵公的手，血淌到了手腕上。卫灵公发怒，王孙贾快步上前，说："结盟是用来伸张礼仪的，就像我们卫国国君所做的那样，难道敢不奉行礼仪而接受这个盟约？"

卫灵公想要背叛晋国，却又担心大夫们反对。王孙贾让卫灵公住在郊外。大夫们问是什么缘故，卫灵公把在晋国人那里所受的侮辱告诉了他们，还说："寡人对不起国家，还是改卜其他人作为继承人吧，寡人服从他。"大夫们说："这是卫国的祸患，难道还是君王的过错吗？"卫灵公说："还有担心的事呢，他们对寡人说：'一定要将你的儿子和大夫们的儿子送到晋国去作人质。'"大夫们说："如果这样做对卫国有好处，公子

要前往做人质，那么到臣子们的儿子怎么敢不背负着马笼头和马缰绳跟随前去呢？"众人将要动身，王孙贾说："如果卫国有了灾难，那么对于工匠、商人未尝不是祸患，要让他们一起前去为好。"卫灵公把这些话告诉大夫们，于是决定带上这些人一同前往。已经定了出发的日期，卫灵公让卫国人朝见，派王孙贾向大家说："如果卫国背叛晋国，晋国攻打我们五次，会危险到什么程度？"大家都说："攻打我们五次，还可以有能力抵抗。"王孙贾说："既然这样，那么当先背叛晋国，发生危险再送去人质也不算晚？"于是，卫国背叛了晋国。

晋国人请求修改盟约，卫国人没有同意。

第十二篇

哀公

　　鲁哀公，名蒋，一作将，鲁定公的儿子，母亲是定姒。公元前494年即位，在位二十八年。在位第二十七年，鲁哀公被"三桓"迫害，逃亡到越国，第二年回国，不久去世。鲁哀公时期，哀公以个人喜好行事，"三桓"专权，最终导致君臣矛盾激化，哀公出逃。这一时期，晋国和楚国衰落，居于东南的吴国和越国展开霸主之争。

哀公元年

 抑扬顿挫读《春秋》

元年春①，王正月，公即位。楚子、陈侯、随侯、许男围蔡。鼷鼠食郊牛，改卜牛。夏四月辛巳②，郊③。秋，齐侯、卫侯伐晋。冬，仲孙何忌帅师伐邾④。

 字斟句酌查注释

①元年：鲁哀公元年，即周敬王二十六年，公元前494年。

②辛巳：初六日。

③郊：郊祭。

④仲孙何忌：即孟懿子，鲁国孟孙氏第九代宗主，孟子的六世祖。

 古文今解看译文

鲁哀公元年春，周历正月，鲁哀公即位。楚昭王、陈闵公、隋侯、许元公包围蔡国。鼷鼠咬食祭祀用的牛，另外占卜选牛。夏四月初六，进行郊祭。秋，齐景公、卫灵公攻打晋国。冬，仲孙何忌率兵进攻邾国。

·吴许越成·

左传

知人论世聊背景

　　春秋末年，吴越两国矛盾重重，互相攻伐，结为世仇。这次吴王夫差打败了越国，越王勾践请求议和，夫差准备答应他。本篇着重记述伍子胥劝阻吴王许越议和，他以古例今，言辞恳切。无奈吴王骄傲自大，忘乎所以，根本听不进去。

《左传》故事解《春秋》

　　吴王夫差在夫椒击败了越国，为携李之战（此役吴败给越，且夫差之父阖闾重伤而死）报仇雪恨，吴军趁势攻进越国。越王勾践带领披甲持盾的五千士兵守在会稽山，并派大夫文种，通过吴国的太宰伯嚭向吴王求和。吴王打算答应他。伍子胥说："不可以。臣听说：'树立品德，必须灌溉辛勤；扫除祸害，必须斩草除根。'从前过国的浇，杀了斟灌，又攻打斟寻，灭了夏王相。相的妻子后缗正怀着孕，从城墙的小洞里逃走，回到娘家有仍，在那里生了少康。少康后来做了有仍的牧正，他对浇恨极了，又能警惕戒备。浇派椒四处搜寻少康，少康逃奔到有虞，在那里做了庖正，才躲避了浇的杀害。虞思将两个女儿嫁给他，封他在纶邑，有田一成，不过十里，有众一旅，不过五百。但他能布施德政，开始实施复兴国家的计划，收拢夏朝的余部，并使他们能专心供职。他派女艾去浇那里刺探消息，派季杼去引诱浇的弟弟豷，终于灭亡过国和戈国，复兴了夏禹的功业，祭祀夏的祖先，以配享天帝，不让典制失传。现在吴国不如过国，越国却大于少康，如果让越国强盛起来，放过他们，不就难办了吗？勾践这个人能够亲近臣民，注重施布恩惠。肯施恩惠，就不失民心；亲近臣民，就不会忽略有功之人。越国和我国土地相连，世代有仇，现在打败了越国，不但不加以消灭，反而打算保全它，这真是违背天命而助长仇敌，将来后悔也来不及了！姬姓的衰亡，指日可待呀。我国处在蛮夷之间，而又助长仇敌，这样来谋求霸业，是行不通的。"吴王没有听取伍子胥的劝谏。伍子胥退下来，对别人说："越国用十年时间聚集财富，再用十年时间教育和训练人民，二十年后，吴国的宫殿怕要变成池沼啊！"

哀公十一年

春秋

 抑扬顿挫读《春秋》

十有一年春①，齐国书帅师伐我。夏，陈辕颇出奔郑②。五月，公会吴伐齐。甲戌③，齐国书帅师及吴战于艾陵④，齐师败绩，获齐国书。秋七月辛酉⑤，滕子虞母卒⑥。冬十有一月，葬滕隐公。卫世叔齐出奔宋。

 字斟句酌查注释

①十有一年：鲁哀公十一年，即周敬王三十六年，公元前484年。

②辕颇：陈国大夫。

③甲戌：二十七日。

④艾陵：齐国地名，在今山东省济南市莱芜区。

⑤辛酉：十五日。

⑥滕子虞：滕隐公，名虞母。

 古文今解看译文

鲁哀公十一年春天，齐国大夫国书率兵攻伐鲁国。夏，陈国辕颇逃亡到郑国。五月，鲁哀公会合吴国讨伐齐国。二十七日，齐国国书率兵与吴国在艾陵展开激战，齐军失利，吴军俘获了国书。秋七月十五日，滕隐公虞母去世。冬十一月，安葬滕隐公。卫国世叔齐逃亡到宋国。

· 齐鲁清之战 ·

左传

知人论世聊背景

　　鲁哀公十年，鲁国会合吴国以及邾子、郯子攻打齐国南部边境，攻占齐国的鄎地。齐国为了复仇，引发了清之战。此时，齐国的齐悼公刚刚被杀，齐简公即位。鲁国由季孙执政，但孟孙、叔孙二家和季孙不和。所以，交战双方各自也都不和谐。鲁国国内，经过冉求的调停，鲁国三家还是共同出兵抵御齐国。最终，此役以齐国失败而告终。

《左传》故事解《春秋》

　　鲁哀公十一年春，齐国因为鄎地战役的缘故，派大夫国书、高无邳带兵进攻鲁国，到达了清地。季孙对家宰冉求说："齐国驻扎在清地，必然是为了鲁国的缘故，怎么办？"冉求说："您三位中间一位留守，两位跟着国君在边境抵御。"季孙说："做不到。"冉求说："那就在境内近郊抵御。"季孙告诉了叔孙、孟孙，二人不同意。冉求说："如果不行，那么国君就不要出去。您一人带领军队，背城作战，不参加战斗的，就不能算是鲁国人。鲁国卿大夫各家的总数，比齐国的战车还要多。即使您一家的战车，也是多于齐军的。您担心什么呢？他们两位不想作战是很自然的，因为政权掌握在您季氏手里。国政承担在您的肩上，齐国人攻打鲁国而不能作战，这是您的耻辱，那样的话，您将再也不能立于诸侯之间了。"季孙氏让冉求跟着他上朝，在党氏之沟等着。叔孙喊过冉求问他关于作战的意见。冉求回答说："君子有着深远的考虑，小人能知道什么？"孟孙一再问他，他回答说："小人是考虑了才干而说话，估计了力量才出力的。"叔孙说："这是说我成不了大丈夫啊。"叔孙回去以后就开始检阅部队。孟孺子泄率领右军，颜羽为他驾驭战车，邴泄作为车右。冉求率领左军，管周父为他驾驭战车，樊迟作为车右。季孙说："樊迟太年轻。"冉求说："他能够听从命令。"季氏的甲士七千人，冉求带着三百个武城人作为自己的亲兵，派年老的和年幼的守卫宫室，驻扎在雩门外。过了五天，右军才前来会合。公叔务人见到守城的人就掉眼泪说："徭役繁重赋税又多，上位的人不能谋划，战士不能拼命，用什么来治理百姓？我已经这么说了，怎么敢不努力呢！"

鲁军和齐军在郊外作战。齐军从稷曲发起进攻，鲁军不敢过沟迎战。樊迟说："这并非做不到，而是不相信您啊。请您把号令申明三次，然后带头过沟。"冉求照他的话办，众人就跟着他过了沟。

鲁军攻入齐军。鲁国右军奔逃，齐国追赶。陈瓘、陈庄徒步渡过泗水。孟之侧在全军之后殿后，他抽出箭来打他的马，说："是马跑不快啊。"林不狃的伙伴说："是要逃跑吗？"林不狃说："我们不如谁？"伙伴说："那么停下来抵抗吗？"不狃说："停下来抵抗能有什么用？"缓步而行，结果被杀死。

鲁军砍下齐军甲士的首级八十个，齐军溃败。夜里，军探报告说："齐国人逃跑了。"冉求三次请求追击，季孙没有允许。孟孺子对别人说："我不如颜羽，但比邴泄高明。颜羽敏锐善战，我心虽不想作战，但口中不说逃走的话，邴泄却说'赶着马逃走'。"公为和他宠爱的小僮汪锜同坐一辆战车，一起战死，都加以殡敛。孔子说："能够拿起武器保卫国家，可以不用未成年人礼来安葬。"冉求使用矛攻杀齐军，所以能攻破齐军。孔子说："这是合于道义的。"

哀公十四年

抑扬顿挫读《春秋》

十有四年春①，西狩获麟②。小邾射以句绎来奔③。夏四月，齐陈恒执其君④，寘于舒州⑤。庚戌⑥，叔还卒⑦。五月庚申朔，日有食之⑧。陈宗竖出奔楚。宋向魋入于曹以叛⑨。莒子狂卒。六月，宋向魋自曹出奔卫。宋向巢来奔。齐人弑其君壬于舒州⑩。秋，晋赵鞅帅师伐卫。八月辛丑⑪，仲孙何忌卒。冬，陈宗竖自楚复入于陈，陈人杀之。陈辕买出奔楚。有星孛⑫。饥⑬。

字斟句酌查注释

①十有四年：鲁哀公十四年，即周敬王三十九年，公元前481年。

②西狩获麟：在西部猎获麒麟。麟，麒麟。麒麟是传说中的仁兽，有圣王时才现身，而此时没有明主，出而被获，孔子感叹周道之不兴，故到本年绝笔。这一句之后到十六年的《春秋》原经，都是鲁国史记的文章。孔子弟子为保留到孔子去世之事，就继续记载之。

③射：小邾国大夫。句绎：古代地名，在今山东省邹城市东南。

④齐陈恒执其君：齐国大夫陈恒拘禁了齐简公。

⑤寘：同"置"。舒州：齐国北部边境，在今山东省滕州市。

⑥庚戌：四月二十日。

⑦叔还：鲁国大夫。

⑧ 五月庚申朔，日有食之：指公元前 481 年 4 月 18 日发生的日全食。

⑨ 宋向魋入于曹以叛：宋国向魋占据曹地，发动叛乱。

⑩ 壬：齐简公，名壬。

⑪ 辛丑：十三日。

⑫ 有星孛：出现彗星。

⑬ 饥：发生饥荒。

古文今解看译文

　　鲁哀公十四年春，在西部打猎捉获麒麟。小邾国大夫射带着句绎邑投奔鲁国。夏四月，齐国大夫陈恒拘禁齐简公，将其安置在舒州。四月二十日，鲁国大夫叔还去世。五月初一，出现日食。陈国大夫宗竖逃亡到楚国。宋国大夫向魋占据曹地，发动叛乱。莒国国君狂去世。六月，宋国大夫向魋从曹地逃亡到卫国。宋国大夫向逃亡鲁国。齐国人在舒州杀死了他们的国君齐简公。秋，晋国大夫赵鞅率兵征伐卫国。八月十三日，鲁国大夫仲孙何忌去世。冬，陈国宗竖从楚国又进入陈国，陈国人杀了他。陈国辕买逃亡到楚国。出现彗星。发生饥荒。

· 宋桓魋之宠害于公 ·

左传

知人论世聊背景

　　鲁哀公十四年（公元前 481 年），宋国桓魋恃宠而骄，危害公室，受到了宋景公的讨伐。春秋末期，诸侯国君与执政大臣之间矛盾加剧，斗争激烈，公室地位动摇，大臣日益骄横，于是演出了一幕幕君臣互相残杀的惨剧。

《左传》故事解《春秋》

宋国桓魋仗着宋景公的宠信而骄横放纵，损害公室。宋景公让母亲赶快设宴招待桓魋，准备乘机诛杀他，还没有来得及实施，桓魋先打了宋景公的主意，请求用睪地交换薄地。宋景公说："不行。薄地，这是宋国殷商祖庙的所在的地方。"于是就把七个城邑并入睪地。桓魋接受了赏赐，请求设飨礼答谢宋景公，以太阳正中作为期限，把私家护卫全带到那里了。宋景公知道了他的阴谋，告诉皇野说："我把桓魋养育大了，现在他要加害于我，请您来救援我。"皇野说："作为臣下，却不服从，这是神明都厌恶的，何况人呢？岂敢不接受命令。但不得到左师的同意是不行的，请用您的名义召见他。"左师向巢每次吃饭一定要敲打乐钟。听到钟声，宋景公说："大夫快要吃饭了。"吃完饭以后，又敲了钟。宋景公说："可以前去了。"皇野乘车去见向巢，他说："猎场的人来报告说：'逢泽有一只麋鹿。'国君说：'即使桓魋没有来，但有了左师，我和他一起打猎，怎么样？'国君难于直接告诉您。我说：'我试着私下和他谈谈。'国君想要快一点儿，所以用一辆车子来接您。"左师和皇野同乘一辆车，到达宋景公那里，宋景公把原因告诉他，左师叩拜，吓得不敢起来。皇野说："君王和他盟誓。"宋景公说："如果要使您遭到祸难，上有天，下有先君。"左师回答说："桓魋对国君不恭敬，这是宋国的祸患，我不敢不听从命令。"皇野请求兵符，以命令他的部下攻打桓魋。他的父老兄长和旧臣说"不行"。他的新的臣下说："服从我们国君的命令。"皇野于是前去攻打桓魋。

桓魋的弟弟子颀纵马奔告桓魋。桓魋想要攻打朝廷，他的另一个弟弟子车劝阻他，说："不能事奉国君，而又要攻打公室，百姓是不会亲附你的，只是白送性命而已。"桓魋就进入曹地叛变。

六月，宋景公派左师向巢攻打桓魋，左师想要得到桓魋的大夫作为人质带回都城。没有办到，也进入曹地，想抓一些百姓作为人质。桓魋说："不行，既不能事奉国君，又得罪了百姓，打算怎么办？"于是就释放了人质，百姓就背叛了他们。

桓魋逃亡到卫国。向巢逃到鲁国，宋景公派人留下他，说："我跟您有盟誓了，不能断绝向氏的祭祀。"向巢辞谢说："我的罪过太大，君王把桓氏全部灭亡也是可以的。如果由于先臣的缘故，而让桓氏有继承人，这是君王的恩惠。至于臣下，那就不能再回来了。"

哀公十六年

抑扬顿挫读《春秋》

十有六年春①，王正月，己卯②，卫世子蒯聩自戚入于卫，卫侯辄来奔③。二月，卫子还成出奔宋④。夏四月己丑⑤，孔丘卒⑥。

字斟句酌查注释

① 十有六年：鲁哀公十六年，即周敬王四十一年，公元前 479 年。

② 己卯：二十九日。

③ 卫侯辄：卫出公，名辄。

④ 卫子还成：卫国司徒瞒成。

⑤ 己丑：十一日。

⑥ 孔丘卒：孔子去世。《春秋》经结束于此年，之后不再有经文。

古文今解看译文

鲁哀公十六年春，周历正月，二十九日，卫国太子蒯聩从戚地进入卫国，卫出公逃亡到鲁国。二月，卫国司徒瞒成出逃宋国。夏四月十一日，孔子去世。

◆ 楚白公之乱 ◆

知人论世聊背景

鲁昭公时期，楚太子建被少师费无极诬陷谋反，遭到楚平王追杀。太子建出逃宋国，最后被郑国人所杀。因此，太子建的儿子白公胜对郑国非常仇视。楚国令尹子西，本是个头脑冷静的贤臣，但在白公胜的事情上一味袒护，不听叶公的劝告。最后，白公胜在慎地大败吴国后作乱。

《左传》故事解《春秋》

楚国太子建遭人陷害的时候，从城父逃奔到了宋国，又为躲避宋国华氏之乱而逃往郑国。郑国人非常友善地待他。后来，他又去了晋国，和晋国人谋划袭击郑国，为此他请求再回到郑国去。郑国人待他还像以前一样。晋国人派间谍和太子建联系，准备回晋国时约定了袭击郑国的时间。太子建在他的封邑里横行暴虐，封邑的人告发了他。郑国人前来调查，擒获了晋国间谍，随后杀死了太子建。

太子建的儿子名胜，在吴国居住，子西想召他回国。叶公说："我听说胜这个人狡诈而好作乱，让他回来怕是有危险吧？"子西说："我听说胜这个人诚实而勇敢，不做无利的事情。把他安排在边境上，让他保卫边疆。"叶公说："亲近仁爱叫作诚信，遵循道义叫作勇敢。我听说胜这个人务求实行诺言，并且是个不怕死的勇士，应该很有野心吧？不管什么话都要实行，这不叫诚信；不管什么事情都不怕死，这不叫勇敢。您一定会后悔的。"子西没有听从叶公的劝告。于是，子西把胜召回国，让他住在跟吴国接壤的边境处，称之为白公。

胜请求讨伐郑国，子西说："楚国还没有顺合法度。要不是这样，我也不会忘记这件事的。"又过了几天，胜又请求讨伐郑国，子西答应了。还没有出兵，晋国就去讨伐郑国，楚国援救了郑国，并和郑国结成联盟。白公胜非常生气，说："郑国人在这里，仇人离我不远了。"

白公胜亲自磨剑，子期的儿子平看见了，说："您为什么亲自磨剑呢？"他说："我以直爽著称，不把这事告诉你，怎么可以称得上直爽呢？我将会用这把剑杀死你的父亲。"平把这些话告诉了子西。子西说："胜就如同鸟蛋一样，我用翅膀保护着他成长。在楚国，如果我死了，那么任令尹、司马的，不是胜还会是谁呢？"胜听了子西的话，说："令尹真狂妄啊！他要能够善终，我就不是胜。"子西仍不悔悟。

胜对他的徒弟石乞说："楚王和两位卿士，有五百个人来对付就可以了。"石乞说："这五百个人很难找到啊。"胜说："市场南边有个叫熊宜僚的人，如果能得到他，就抵得上五百个人。"于是，石乞跟随白公胜去见宜僚，跟他谈得很高兴。石乞把来的意图告诉了宜僚，宜僚拒绝了。胜把剑架到宜僚脖子上，宜僚仍然不为所动。白公胜说："这是不为利诱、不怕威胁、不泄露别人的话去讨好别人的人，让他走吧。"说完就离开了。

吴国人讨伐楚国慎地，白公胜战胜了他们。白公胜请求把武器装备送到郢都献纳，楚惠王同意了。白公胜就趁机发动叛乱。秋七月，他在朝廷上杀了子西、子期，并劫持了楚惠王。子西用袖子挡着脸死去。子期说："当初我凭借勇力事奉君王，不可以有始无终。"他拔起一棵樟树打死了敌人之后也死去了。石乞说："焚烧府库，杀死惠王。不这样做事情就不能成功。"白公胜说："不行，杀死君王不吉祥，烧掉府库没有了物资，拿什么来守卫国都呢？"石乞说："有了楚国而治理百姓，用恭敬来事奉神灵，就可以得到吉祥，而且还有物资，这有什么可忧患的呢？"白公胜没有听从。

　　叶公住在蔡地，方城山外边的人都说："可以进国都平乱了。"叶公说："我听说，凭借冒险而侥幸成功的人，他的贪求不会有满足的时候，处事不公平，必定会使百姓叛离。"听到白公胜已经杀了齐国的管修，叶公才进入郢都。

　　白公胜想立子闾为王，子闾不同意，白公胜就用武器威逼他。子闾说："您如果能安定楚国，扶正王室，然后对百姓加以庇护，这就是我的愿望，哪里敢不服从呢？如果只是谋私利而颠覆王室，置国家于不顾，那我宁死也不从。"于是白公胜就杀了子闾，带着楚惠王去了高府。石乞看守大门，圉公阳在宫墙上打开一个洞，背着楚惠王到了昭夫人的宫中。

　　这时候，叶公也到了，他走到北门，遇到一个人，那人说："您为什么不戴上头盔？国人盼望着您如同盼望自己慈爱的父母。盗贼的箭如果射伤您，就断绝了百姓的盼望。你为什么不戴上头盔呢？"于是叶公就戴上头盔进去。他又遇到一个人，说："您为什么戴上头盔？国内的百姓盼望您如同盼望丰收一样，天天盼望您来，如果见到您的面容，就可以安心了。百姓知道不再有生命危险，人人都有了奋战之心，还要把您的名字写在旗帜上在都城里巡行，但是您又把脸遮挡起来，断绝了百姓的盼望，这不是过分了吗？"于是，叶公脱下了头盔往前走。叶公遇到箴尹固率领他的部下，准备前去帮助白公胜。叶公说："如果没有子西、子期他们两位，楚国早就不复存在了。背弃有德行的人而去追随叛贼，这样难道可以自保吗？"于是，箴尹固跟随了叶公。叶公派他和国内的百姓去攻打白公胜。白公胜逃到山上，后来自杀了，他的部下把他的尸体藏了起来。叶公活捉了石乞，让他说出白公胜的尸体所在地。石乞回答说："我知道尸体的所藏之处，但是白公胜不让我说。"叶公说："不说我就把你煮了。"石乞说："这种事成功了就做卿，失败了就得被煮，这本来就是应当的，有什么关系？"于是叶公

就煮了石乞。王孙燕逃奔到頯黄氏。

叶公兼任令尹、司马两个职位，国家安定后，任命宁为令尹，任命宽为司马，自己则退休到叶邑养老。